高級傳令兵

劉峙將軍徐蚌會戰戰時日記

劉峙　原著
劉滌宏　編

左：北伐時期的劉峙。
右：抗戰時期，劉峙與蔣介石合影。

左：一九四〇年六月十七日韓國光復軍在重慶舉行成立典禮，大韓民國臨時政府主席金九（左）與國軍重慶衛戍司令劉峙（右）合影。
右：劉峙戎裝照，攝於一九四七年上海。

一九四八年攝於徐州剿匪總司令部的劉峙。

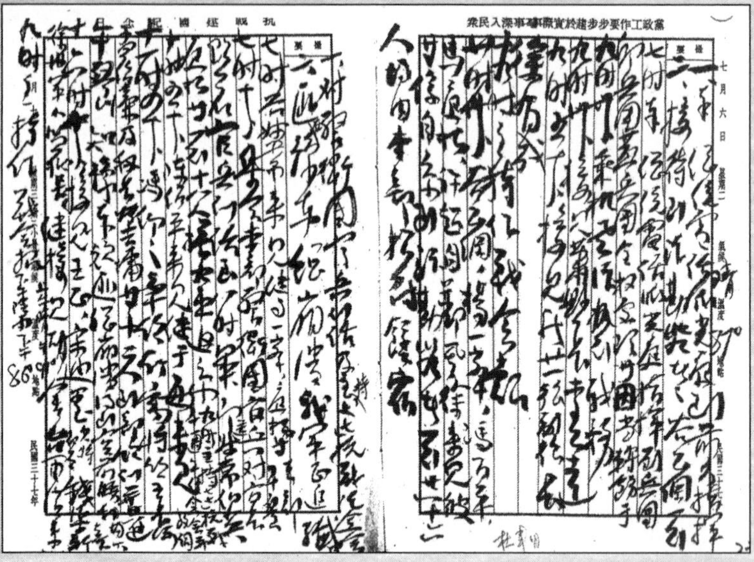

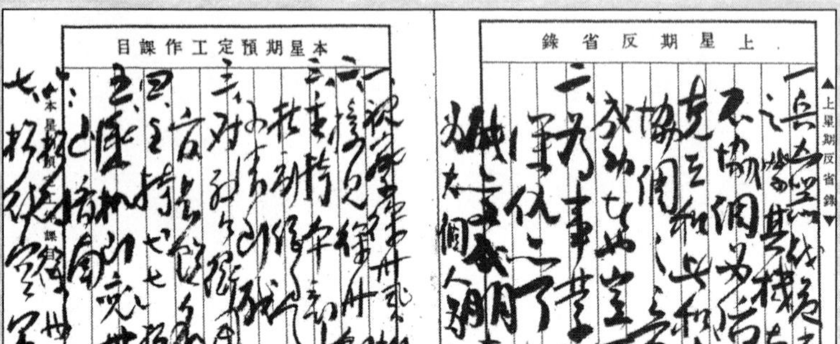

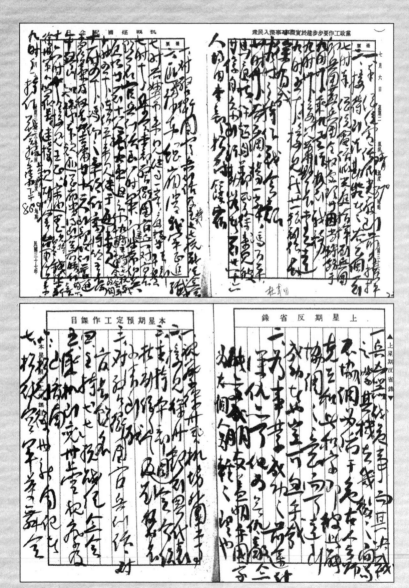

上：劉峙的戰時日記原文影本，現藏於南港。
下：戰時日記中的上星期反省錄。

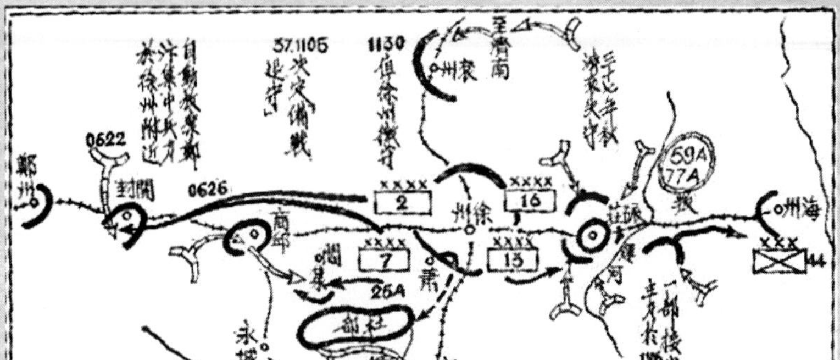
自動放棄鄭汴集中兵力於徐州附近
37.1105
決定備戰
1130
徐州撤守
至濟南
兗州
三十七年秋
濟南失守
0622
鄭州
開封
0626
商邱
徐州
2
16
7
13
25A
59A
77A
海州
44
永城
宿
渦河
蒙城
南平
黃維兵團
11.24
11.25
劉伯誠部
蚌埠
李延年兵團
1128
一、匪陣 毅部十六個縱隊約四十萬人，劉伯誠部七個縱隊約二十萬人。
二、我邱清泉、黃百韜、李彌孫元良部共約二十五萬人
1
5000000

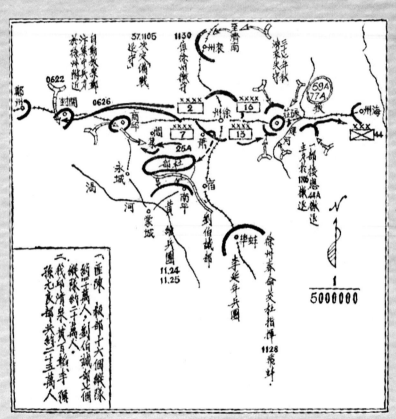

徐蚌會戰經過形勢圖。

徐州剿匪總

總司

副總司令 馮治安 劉汝明

- 前進指揮部
  - 主任 杜聿明
  - 副主任 孫元良
  - 參謀長 舒適存
  - 第二兵團　司令官 邱清泉　副司令官 舒適存 彭璧生　參謀長 李漢萍
    - 第五軍 熊笑三
      - 第四五師 郭吉謙
      - 第四六師 黃宗顏
      - 第二〇〇師 張鈜英
      - 重迫砲三團一連 湯起善
    - 第七〇軍 高吉人
      - 第三二師 龔時英
      - 第九六師 鄧軍林
      - 第一三九師 唐化南
    - 第七四軍 邱維達
      - 第五一師 王夢庚
      - 第五八師 王金昌
      - （欠172團）
    - 第一〇〇軍 周志道
      - 第四四師 劉聲鶴
      - 第六三師 盛超
    - 騎兵第一旅
    - 砲兵第一〇團第三營
    - 陳陶　梅漱六
  - 第十三兵團　司令官 李彌　副司令官 陳冰　參謀長 吳家鈺
    - 第八軍（兼）李彌
      - 第四二師 石建中
      - 第一七〇師 楊緒釗
      - 第二三七師 孫進賢
    - 第九軍 黃淑
      - 第三師 周藩
      - 第一六六師 蕭超五
  - 第十六兵團　司令官 孫元良 兼
    - 第四一軍 胡臨聰
      - 第一二二師 張宣武
      - 第一二四師 嚴翊
    - 第四七軍 汪匣鋒
      - 第一二五師 陳玲
      - 第一二七師 張光漢
    - 第九九軍 胡長清
      - 第九二師 艾孌
      - 第九九師 楊達
      - 第二六八師 楊汝賢
  - 第十二軍 舒榮
    - 第一一二師 于一凡
    - 第二三八師 徐有成
    - （暫歸二綏區指揮）
  - 工兵第六團第二營
  - 戰車第二團一營
  - 砲一一團兩個連
  - 重迫砲一四團（欠第三營及兩個連）
  - 工兵九團（欠一營）
  - 砲兵一〇團（欠第三營及第二、六連）
  - 砲兵九團（欠兩個營）（仍歸70A席列）
- 徐州地區守備部　余錦源 兼
  - 第七二軍 余錦源
    - 第三四師 陳漁浦
    - 第二三三師 譚心
  - 徐州警備司令部 譚輔烈
- 第七兵團　司令官 黃伯韜　副司令官 黃國樑 唐雲山　參謀長 魏翱（——余錦源）
  - 第二五軍 陳士章
    - 第四〇師 曾正我
    - 第一〇八師 李世鏡
  - 第六三軍 林湛
    - 第一五二師 雷秀民
    - 第一八六師 張澤深
    - 重迫砲十二團第五連（欠一排）
  - 第六四軍 劉鎮湘
    - 第一五六師 林亞人
    - 第一五九師 鍾世謙
  - 第一〇七軍 孫良誠
    - 第二六〇師 王清翰
    - 第二六一師 孫玉田
  - 工兵二團三營 陳培藝
  - 砲兵一三團三營（欠第九連） 石金格
- 第一綏靖區　司令官 周嵒　副司令官 顧錫九 李天霞
  - 第四軍 王作華
    - 第五九師 李子亮
    - 第九〇師 薛仲述
  - 第二一軍 王克俊
    - 第一四五師 李志熙
    - 第一四六師 李前榮
  - 第五一軍 王殿
    - 第四一師 劉衡
    - 第一一三師 李濟
  - 第二三〇師 許午言

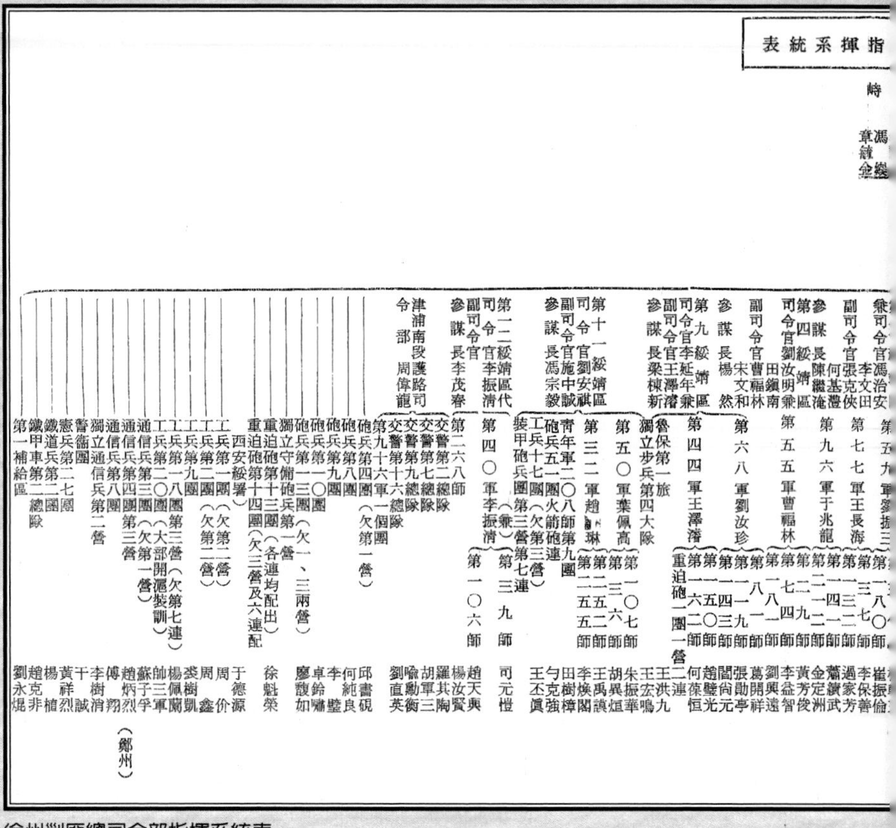

徐州剿匪總司令部指揮系統表。

推薦序

楊維真（國立中正大學歷史系教授兼系主任）

一九四八年十一月初，國軍第七兵團黃伯韜部掩護友軍放棄海州（連雲港），兼程轉進徐州途中，遭中共人民解放軍重重阻截，困守碾莊待援，正式拉開國共內戰決定性一役——徐蚌會戰（共方稱之為「淮海戰役」）的序幕。國軍主帥徐州剿匪總司令劉峙集結國軍精銳五十萬兵馬，與共方華東野戰軍、中原野戰軍六十萬人眾（另動員大量民兵）鏖戰三個月（一九四八年十一月－一九四九年一月），最後國軍澈底慘敗，幾遭全殲，黃伯韜及第二兵團司令邱清泉力戰殉國，徐州剿總副總司令杜聿明、第十二兵團司令黃維被俘，劉峙則僅以身免。此役國軍犧牲慘重，大量兵力耗損，尤其杜聿明、邱清泉等國軍重要戰將或被俘或成仁，軍心士氣大為震盪；加之解放軍擊敗國軍據有淮河流域後，兵鋒直逼江北，京滬人心惶惶，對於國共內戰形勢影響甚鉅。而劉峙從此背負「敗軍之將」的罵名，成為終身的恥辱。

今年（二〇一八）適逢徐蚌會戰七十周年，劉峙之子劉滌宏整理其先人遺留日記，將劉峙徐蚌會戰期間日記（一九四八年五月－一九四九年一月）交秀威資訊科技公司出版，並節錄劉峙回憶錄——《我的回憶》徐蚌會戰部分一併刊行，這對民國史及國共內戰史而言，毋寧是件深具歷史意義的盛事。

劉峙（一八九二－一九七一），字經扶，江西吉安人，保定軍校第二期步科畢業。一九二四年黃埔軍校創辦，任兵學教官兼校本部參謀處科長，並擔任教導團第一團第二營營長，從此輔佐校長蔣中正治校建軍，成為蔣的重要親信，被譽為「五虎上將」之一。一九二五年蔣中正發動兩次東征，劉峙戰績彪炳，升任國民革命軍第一軍（軍長蔣中正）第一師第一團上校團長。一九二六年二月，第一軍第二師編成，任副師長兼參謀長；師長王懋功旋因親俄嫌疑被蔣中正撤職，由劉峙接任。同年三月中山艦事件爆發，蔣中正宣布廣州戒嚴，劉峙率第二師搜捕共黨份子，解除工人糾察隊武裝，贏得蔣的充分信任。北伐期間率部出征，屢立戰功，歷任第一軍軍長、第一集團軍第一軍團總指揮等職。北伐完成後，劉峙以討逆第二路軍總指揮身分，討平各地反蔣派，獲勝連連，被譽為「常勝將軍」，並於一九三〇年出任駐豫綏靖公署主任兼河南省政府主席，使河南成為南京中央插足華北的灘頭堡。此外，因圍剿鄂豫皖蘇區有功，蔣中正曾令河南新集改名「經扶」縣。抗戰期間，歷任第一戰區副司令長官、重慶衛戍司令、第五戰區司令長官等職。國共內戰時期，先是出任鄭州綏靖公署主任，並當選第一屆國民大會代表，一九四八年六月奉委徐州剿匪總司令，徐蚌會戰失利遭撤職，轉任總統府戰略顧問。一九四九年大陸陷共後先赴香港，後轉赴印尼。一九五三年奉准來台，定居台中，歷任總統府國策顧問、光復大陸設計研究委員會委員，一九七一年病逝。

綜觀劉峙半生戎馬，不論是中山艦事件迅赴機先，北伐、討逆諸役屢立戰功，甚至國共內戰兵敗徐蚌，均與民國命運息息相關，但學界對其之研究似不多見。本人曾指導國立中正大學歷史系碩士張嘉皜撰寫碩士論文〈建國與備戰——劉峙在河南的治理（一九三〇－一九三五）〉（二〇一一），這大概是當前學界對劉峙研究的代表作，但仍僅聚焦於抗戰前劉峙主政河南的政軍建設等作為。劉峙為學界所忽視的原因有二：一為其前半生雖戰功彪炳，但抗戰以後即無突出表現，內戰更背負徐蚌敗戰的責任，「敗軍之將，何敢言勇」，這是影響劉峙歷史評價的主因。二是相關研究資料不足，劉峙來台後，回首前塵往事，雖曾撰有前述《我的回憶》一書，但敘事簡略，發行量亦不多。今其徐蚌會戰戰時日記將正式發行，當對資料不足限制有所改善。事實上，近年來隨著陳誠、胡宗南、王世杰、徐永昌、錢大鈞、王子壯等眾多國民政府黨政軍要人日記陸續整理出版，民國史研究不僅取得重要的進展，更豐富了歷史研究的多元色彩。日記本為個人私密記載，除少數例外（如《胡適日記》），大多數日記的主人翁從無意公開發表，所以一般研究者均將日記視為「無意史料」，其可信度較高，史料價值遠在政府檔案、官方文書等「有意史料」之上。

以劉峙徐蚌會戰戰時日記為例，其平日內容雖多記載日常活動、來往人物等瑣事，但每個星期「上星期反省錄」及每個月「上月反省錄」卻頗有可觀。如一九四八年十月九日「上星期反省錄」，即對蔣中正的指揮風格大不以為然：

> 軍事之機微繫於一念，苟有一念之差為政治無窮之憂。政治牽制軍事固不可，而最高統帥不予前方指揮官以獨斷之權尤為失敗之根源。日喊主動機動而事事干涉掣肘，豈非縛其兩腳而令其賽跑決勝耶，甯有此理。

其實十月二日「上星期反省錄」，已檢討上級指揮官（包括蔣中正）臨戰遲疑的責任：「上級不把握戰機運用戰略戰術，一旦部下失敗或傷或死或俘，此上級之罪惡不能全諉之部下之無能，奈何迄不反省覺悟而猶堅持其一貫遲疑被動之作風，為其部下者誠不知其死所，無怪士氣如江河之日下也。」又如十一月六日「上星期反省錄」，對國民黨的失敗亦頗有反省：

國民黨與共產黨之爭事事落後，失敗者非主義不好而實黨員無革命精神不能奮鬥之故。人人都做表面功夫所媚領袖一人而實際則一切皆空，以空虛如紙老虎與異黨鬥爭自難免於顛仆之厄運。即今覺悟已過遲，況乃無覺悟歟，真險。

對於擔負徐蚌會戰指揮重責，劉峙在十一月二十七日「上星期反省錄」稱：

此次與陳（毅）、劉（伯誠）二匪之會戰為黃河南岸空前之會戰，此戰關係黨國之存亡，故全國上下莫不以最緊張之心情注視之。余也適為其領導者甚懼重任難荷，常存臨淵履冰之感。如何能達到預期之勝利，只有咬緊牙關以赴耳。

然而，戰況的發展卻令劉峙難以樂觀，如十二月十一日「上星期反省錄」記載：

黃維兵團被匪圍困已逾半月，而我救援之師進展遲緩，該兵團支撐已達最艱苦境地，使匪得以逞，大局危矣，故焦灼欲死。

及至年底敗局已定，劉峙十二月三十一日「上月反省錄」檢討失敗原因：

事勢之嚴重由漸而來，當國軍正大有為之時而不注意面之爭取只注意點線之進展，死守一城一地，予匪包圍殲滅機會。且於部署方面常留莫大空隙，使匪有隙可乘，而我又不能澈底集中兵力打擊其兇焰。今日之大失敗殊堪惋惜、然亡羊補牢猶來為晚，根本上今後之問題不僅在軍事，尤在政治經濟之有辦法也。

一九四九年一月十日徐州國軍突圍失利，杜聿明被俘，邱清泉殉國，徐蚌會戰以國軍大敗告終。面對此難堪結局，劉峙在一月三十一日「上月反省錄」中稱：

擔任徐州剿匪總司令計自去歲六月十四日起至本年一月廿日止為時七個月又六日，其間經豫東、兗、濟、徐、蚌各次會戰，損失武裝兵員達五十餘萬，是誰之過歟。國防部戰略上舉棋不定，政略與戰略失調為大錯誤。各部隊長不能練兵、用兵，反私而忘公，而徵兵之遲緩與補給之不足尤為缺乏戰鬥力主因。加以余之威望難孚，才輕低能致遭此空前大敗，愧憤欲死，盱衡世局大難未己，今後誓必藏拙，不願再負重任，得為一升斗小民足矣。

凡此種種，俱可見劉峙身為徐蚌戰場最高指揮官，對國共戰局的剖析與感懷。最後，本書附錄二文：〈劉峙將軍自傳〉、〈我們在大陸是怎樣失敗的〉，均對徐蚌會戰失利進行深入分析。尤其〈我們在大陸是怎樣失敗的〉一文寫於劉峙來台之前（一九五一年八月於印尼茂物），對於國民黨在大陸的失敗及蔣中正的責任更是直言無諱，擁有較高的史料價值。值此《劉峙將軍徐蚌會戰戰時日記》即將付梓之際，爰贅數語以為之序。

推薦序

蘇聖雄（國史館修纂處助修）

一九四八年底爆發的徐蚌會戰，中共稱淮海戰役，是國共內戰中的一場關鍵會戰，時濟南會戰及遼西會戰皆已結束，國軍大敗，國共形勢已然逆轉。國軍於徐州、蚌埠間集結部隊，嚴陣以待共軍之來攻，大軍由徐州剿匪總司令劉峙指揮，副總司令為杜聿明，主力有邱清泉、黃伯韜、黃維、李彌、孫元良等兵團。會戰自十一月六日開始，共軍正規軍加上百萬民工，採「圍點打援」之戰法，先圍東路黃伯韜兵團，阻擊來援之邱清泉兵團，然後將黃兵團殲滅，同時包圍南路黃維兵團。十一月三十日，國軍放棄徐州，劉峙南退蚌埠。杜聿明、邱清泉率徐州大軍向西南突圍，謀解黃兵團之圍未果，而黃兵團已於十二月十五日遭到全殲。杜、邱大軍亦遭共軍及民工所掘壕溝圍困，寸步難行。一九四九年一月十日，在天寒糧絕之下，杜聿明被俘，邱清泉自戕，所部全滅，蚌埠亦不戰而下。歷時兩個多月的大決戰，至此結束，國共內戰結果幾已確定。

劉峙身為總司令，親自主導此一大戰，所留下的資料，必定有可觀之處。本書將劉將軍與徐蚌會戰有關的日記及回憶錄集結一起，於徐蚌會戰七十週年之際出版，對於學界及對此一史事有興趣之大眾，著實有重大貢獻。雖然劉峙日記之內容，以記行程為主，對於作戰部署、戰局分析判斷甚少交代，惟其日記反省錄之欄位，仍有相當研究價值。至於另收入之部分劉峙回憶文章，更使本書生色不少。

本書對歷史研究之助益，可由劉峙緣何出任徐州勦匪總司令來觀察。史籍談及徐蚌會戰，除了述及蔣中正的部署，往往強調副總司令杜聿明的作為，以為其掌握指揮實權，至於總司令劉峙，其作用並未突顯，甚至被視為戰敗原因之一。時任國防部第三廳中將廳長的郭汝瑰，於回憶文章提到，劉峙是有名的「福將」，此一詞彙在當時並不正面，係國軍譏諷昏庸糊塗的代名詞。郭並指出，在徐州勦匪總司令部成立前，本有以白崇禧統一指揮中原各軍之議，後因蔣中正、陳誠、顧祝同等不放心出身桂系的白崇禧，所以另設徐州勦匪總司令部，任劉峙為總司令，以分白之兵權。據說劉峙之任命發布後，國民黨內部議論紛紛，嘲笑說：「徐州是南京的大門，應派一員虎將把手；不派一虎，也應派一狗看門；今派一隻豬，眼看大門會守不住。」[1]

若劉峙真的昏庸糊塗猶如一隻豬，想必蔣中正必有所聞，其何以派劉出任如此重要地區的指揮官呢？此間派任過程為何？劉峙心中是怎麼想的？本書提供了劉個人視角的說法，甚具價值。

先從劉峙當時的想法來看，本書所收劉之回憶錄云：

1 中國人民政治協商會議全國委員會文史資料研究委員會編，《淮海戰役親歷記（原國民黨將領的回憶）》（北京：文史資料出版社，一九八三年），頁五一。

蔣公想要蔣銘三（鼎文）兄去，他堅決謙辭。再想到我，徵詢我的意見。當時的局勢，在不懂軍事的一般社會人士，已都洞若觀火，除非出現奇蹟，很難「挽狂瀾於既倒」。但是我的答覆是：「要我做官，不敢奉命，要我拚命，義不容辭。」所以我向國防部辭行的時候說：「見危授命，我跳火坑，個人生死事小，但望大家以國事為重，這次要對我多多指導與支援。」（本書頁三三）

劉於日記則透露：

一、靜極思動人之常情，然余雅不願聞不甘寂莫之語。此次總統召見仍欲畀以剿匪重任，此固非余所喜者。惟何敬公（應欽）允任國防部長，墨三（顧祝同）兄又任參謀總長，公誼私交何敢袖手，重作馮婦良非得已，當無人以官迷見譏，蓋係跳火坑之事非圖任何享受也。

二、人之出處不可不慎，尤其軍人關係死生安可忽視。然若目睹其曾參與創造之基業有慘被摧殘之危險，豈可不奮起而救之耶！（上月反省錄〔五月份〕民國三十七年，本書頁八四）

在日記中的其他各篇反省錄，劉將軍也多次透露願為革命付出之志。可見對於出任總司令，他是帶著戒慎恐懼之心，期望有所作為，心中仍懷抱著革命軍人的熱情。

再看蔣中正為何派任劉峙。或謂劉將軍之派任，是因為蔣並不需要能力過人之指揮官，而是需要

「絕對服從」、遵從其個人指揮之將領。[2]對此，劉將軍個人是怎麼想的呢？其實，他並不是對蔣的指揮干涉，皆欣然接受，於日記曾透露不悅：

> 上級不把握戰機運用戰略戰術，一旦部下失敗或傷或死或俘，此上級之罪惡不能全諉之部下之無能，奈何迄不反省覺悟而猶堅持其一貫遲疑被動之作風，為其部下者誠不知知其死所，無怪士氣各江河之日下也。（上星期反省錄〔九月二十六日至十月一日〕民國三十七年，本書頁二〇〇）

其於回憶錄講得更為直白：

> 在指揮方面，則最高統帥對小部隊的行動亦必干涉，不給戰場指揮官以全權，以致運用不靈，援應失機。……論其失敗之罪，凡屬文武官吏和有職守的同志都不能輕卸其責，而首應由蔣先生負其總責。最大的缺失為他固執的性情，獨裁的作風，有權必攬，無事不親，處事則尤其喜怒，用人則講地域和關係。（本書頁三三〇）

當然，劉將軍抱怨歸抱怨，其仍遵照蔣的指示進行指揮，並未忤逆蔣的意志。謂劉因配合蔣之指揮

2 李宗仁口述，唐德剛撰寫，《李宗仁回憶錄》，下冊（臺北：李敖出版社，一九八八年），頁八二〇。

而出任總司令之說，當未偏離事實。

另外，閱讀劉將軍的日記，可以發現其與達官貴人酒宴酬酢甚多，於軍界有廣泛人脈。此或為蔣任命劉擔任方面大員之另一可能原因，即其「資歷」。據國軍資深將領張發奎於回憶錄指出，資歷與名望是中國軍事要職的一項極重要因素，教育背景則屬次要。至於怎樣才算資深？最重要的是經驗與紀錄；人們往往只將某人的資歷同另一人相比。[3]誠如張發奎所言，蔣中正任命方面大員，除了軍系背景、作戰能力，資歷的確是重要考量因素。徐州剿匪總司令之職，蔣中正原安排蔣鼎文就任，[4]其於軍界便極為資深，抗戰時長期擔任方面大員。至於劉峙，畢業於保定軍校第二期，歷經東征、北伐、討逆、剿共、抗戰諸役，勞績頗著，此時五十六歲，任陸軍二級上將，在軍界十分資深，顯為受命負責徐蚌之關鍵因素。

以上所述劉峙出任徐州剿匪總司令之相關課題，確可自本書獲得部分解答。至於其他如高級將領的日常活動，國軍軍政關係，或是國民黨何以失去大陸等問題，皆可由本書略窺一二。本書無疑為學術研究的基本史料，亦為以史為鑒的重要素材，值得推薦，是為序。

[3] 張發奎口述，夏蓮瑛訪談紀錄，鄭義翻譯校註，《蔣介石與我：張發奎上將回憶錄》（香港：香港文化藝術出版社，二〇〇八年），頁三八五。

[4] 蔣鼎文（字銘三）一度答應，此事後來未成。據《蔣中正日記》（一九四八年五月十五日）所記：「（蔣中正）勸銘三就徐州總司令，已允也。」另參閱：李毓澍訪問，周道瞻紀錄，〈蔣鼎文先生訪問紀錄〉，《口述歷史》，第九期（一九九九年六月），頁六一—六二。

目次

附錄

編者後記

編者前言

一九四八、四九年國共內戰中的徐蚌會戰（大陸稱「淮海戰役」，與平津及遼瀋並稱「三大戰役」）過去近七十年了，但在臺灣選戰辯論中卻仍然經常提及，常用於攻擊形容國民黨當時在大陸的腐敗無能。徐蚌會戰看來可以與拿破崙的滑鐵盧和希特勒的史達林格勒戰役相提並論，以慘敗留名後世。

講到徐蚌會戰，免不了會提及時為掛名總司令的先父，他在這場會戰中應負的責任應該讓史料說話。一九八五年大陸政協編寫了一本《淮海戰役親歷記：原國民黨將領的回憶》（北京文史資料出版社一九八六年版，六一一頁），其中文章無非是講述自己在解放軍的強大攻勢下如何「就殲」經過，身陷囹圄唯恐得罪當道，言不由衷，我們設身處地是完全可以理解的。二〇一九年元月是徐蚌會戰結束七十週年，大陸方面肯定會大肆紀念，臺灣方面理應提供一些不同角度親身經歷的資料，不能讓中共御用史學者一手遮天。這是我發表先父從一九四八年五月「定在徐州方面任職」直至次年元月會戰結束日記的初衷。

根據我所見到的有限資料，徐蚌之敗原因有以下幾點：

一、蔣介石以政治理由，堅拒先父與徐州剿總參謀長李樹正「棄點守面」的戰略，將伸出的五指收為緊握的拳頭，與敵血戰一爭勝負。先父生前曾提及為此覲見蔣介石並遭其訓斥，稱「放棄城市，我的總統顏面擺到哪裡去了。」事後顧祝同好言相勸，稱這都是他（蔣）的家當，何必代人操心。

二、雜牌軍陣前叛變，撕裂防線。

三、南京國防部參謀次長、桂系的劉斐，據長期潛伏在胡宗南左右的共諜熊向暉所述，一九三〇年代開始就是中共的地下黨員，作戰計畫全露，共軍對國軍的行動瞭如指掌。第三廳（作戰）廳長郭如瑰也是共諜，不但向共方洩漏了百餘件絕密軍事計畫，而且還暗地進行策反工作並提供蔣介石虛假情報，對國軍傷害極大。

四、友軍救援不及時，致大軍陷入共軍包圍。

五、蔣介石越級下令，跳過總司令另立杜聿明領導的前進指揮部，指揮系統混亂，先父無調兵之權，只有乾著急（參見一九四八年七月六日日記）。**又有甚者，連小部隊的行動都得請示南京，不予前線指揮官隨機應變之權，更是致命大錯。**

一九四八年國民黨在大陸是「民心不附，軍心不固」，人心思變、大勢已去，就算贏得徐蚌之戰，全面崩潰也只是時間問題。所有歷史資料都可以證明當年的劉（伯承）鄧（小平）大軍並非古希臘馬其頓的亞歷山大、以寡擊眾無堅不摧，而是勝之不武，撿了一個爛蘋果。

研究歷史的方法，大家都知道最基本的是要對所有能收集到的資料給予正確的詮釋，而這首先要確定史實。對歷史經過的評價可以見仁見智，但是絕不應想當然地無中生有歪曲事實。將先父的戰時日記（加上其一九六六年和一九七〇年對會戰的兩次回顧）付梓是想提供關鍵當事人親身經歷的一手資料，作為將來嚴謹的史學家寫作信史的參考依據；兩千年前羅馬凱撒以第三人稱寫的《高盧戰記》，就是一個很好的例子。

滄海桑田，物換星移，徐蚌戰場上的硝煙早已消散，現在應該是史學家發表意見的時候了。可惜的是大陸依然政治掛帥，把歷史經過都看成「可以隨便塗抹打扮的小姑娘」，宣傳灌輸當年紅軍的光榮事蹟，往往不惜歪曲事實、大貶小褒給敵人抹黑（小褒的作用則是用以反襯大貶立論的公正不阿）。例如先父母的家庭私事，很多都是捕風捉影、子虛烏有。更奇特的是可以臆造情節，稱先父在一九四一年重慶校場口防空洞大慘案中，派人搜刮遇難者的財物，「以小汽車往劉峙家運了三次」（見王成斌、劉炳耀等主編，《民國高級將領列傳》，北京解放軍出版社一九九九年版，卷二，頁五十六）。其實事發當天先父正與何應欽、白崇禧在外視察國防工事，第二天晚間才回重慶任所。由於大陸的這種治史手法，我衷心希望臺灣的歷史工作者挺身而出，做撰寫《三國志》的陳壽，讓大家知道羅貫中筆下《三國演義》中的關二爺與正史中的關羽不是一回事。

日記原稿現存臺北南港中央研究院近代史研究所，但毛筆草書字跡難認，加上屢遭蠹蟲蠶食、已有部分頁數散失，整理工作不易。日記中提及的很多人，僅有字或號，並無原名。除當時著名的人物外，其他均無可考，而且可能有誤。另凡日記中已提及有官階職稱者，一般均不加注解。

先父在民國史上的地位

兩岸坊間書報中常見有人炒黃色舊聞，稱先父為蔣介石的「八大金剛」之一，頗類舊時文人寫《封神榜》的筆法，實不足論。先父在民國史上官雖不大，但地位卻真有些特殊：

一九二四年孫中山創立黃埔軍校，蔣介石任校長，周恩來任政治部副主任，先父則是戰術教官。按照黃埔尊師重道的傳統，黃埔各期學生無論是以後當上了上將元帥，見面時都得叫一聲老師，黃杰、陳大慶等在臺的大官都是如此。

一九二六年七月北伐，先父指揮第一軍總預備隊，參謀長則是以後鼎鼎大名的葉劍英元帥。

一九二九年在中國國民黨第三屆全代會中當選為中央執行委員，除蔣介石、何應欽外，先父是黃埔將領中的第一人。

一九二九年討西北軍馮玉祥，次年討伐汪精衛（聯合晉豫反叛中央），在先父麾下的有蔣鼎文、陳誠、顧祝同、陳繼承、張治中、周至柔等將領，以後都成了南京國民政府軍界政壇的名人。

一九三〇年代主政河南，剿匪有功，中央特將收復的縣名改為經扶縣（先父字經扶），獲得以人名為地名的殊榮，這在當時頗不多見。

毛澤東在一九四五年十一月五日〈國民黨進攻真相〉一文中說，豫鄂兩省共軍被以先父為剿共總指揮的大軍四面包圍，打得李先念、王樹聲等部無處存身。據我說知，這是毛澤東在國共內戰中，絕無僅有的一次公開承認吃了敗仗。

先父戎馬一生，出生入死，也只換來了國民黨在大陸二十一年表面統一的政權。拿破崙征戰一生，法國領土沒有增加一尺，但他卻給世人留下了一部《拿破崙法典》、中央銀行和現代文官制度，加上政教分離的政策，影響深遠。民國史上國共兩黨各自在蔣、毛兩氏的領導下鏖戰經年，最後給中國人民留下了什麼？

劉滌宏

二〇一七年十二月

一九六六：戰後回憶

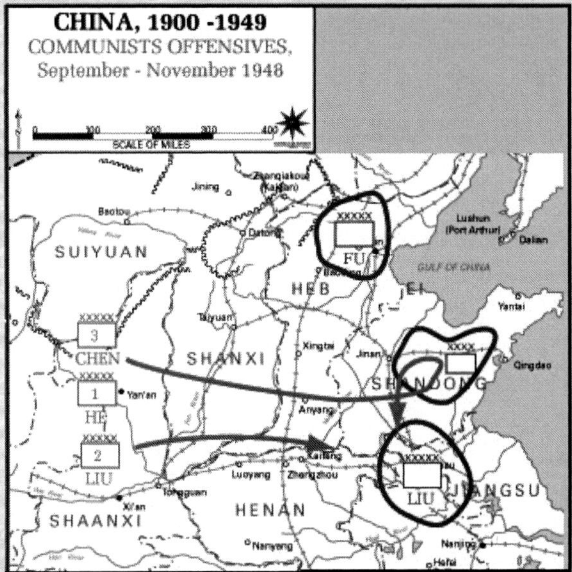

CHINA, 1900 -1949
COMMUNISTS OFFENSIVES,
September - November 1948
0
100
200
300
400
SCALE OF MILES
Jining
Zhangjiakou (Kalgan)
Baotou
Datong
FU
Lushun (Port Arthur)
Dalian
SUIYUAN
GULF OF CHINA
HEB
EI
Yantai
3
CHEN
1
Yan'an
HE
2
LIU
Taiyuan
SHANXI
Xingtai
Jinan
SHANDONG
Qingdao
Anyang
Kaifeng
Luoyang
Zhengzhou
LIU
JIANGSU
Xi'an
Tongguan
SHAANXI
HENAN
Nanyang
Nanjing
Hefei

義不容辭跳火坑：徐蚌會戰經過

我回到南京，晉謁　蔣公之後，本欲作「解甲歸田」之計，蓋因當時的國防部參謀本部，對於剿匪進展所作的狀況判斷，其結論是：在六個月之內，可以將共匪剿滅。詎料以後的剿匪軍事發展，卻是「反向」的。

民國卅七年的夏天，隴海線的軍事已面目全非，岌岌可危。原來坐鎮在徐州兼領鄭州的陸軍總司令顧祝同因升任參謀總長，勢難兼顧，需人接替。　蔣公想要蔣銘三（鼎文）兄去，他堅決謙辭。再想到我，徵詢我的意見。當時的局勢，在不懂軍事的一般社會人士，已都洞若觀火，除非出現奇蹟，很難「挽狂瀾於既倒」。但是我的答覆是：「要我做官，不敢奉命，要我拚命，義不容辭。」所以我向國防部辭行的時候說：「見危授命，我跳火坑，個人生死事小，但望大家以國事為重，這次要對我多多指導與支援。」

民國卅七年六月十四日，我率新任參謀長李樹正，隨參謀總長專機由南京飛徐州，就任徐州剿匪總司令，由原有的陸軍總司令徐州司令部的機構與人員改組。當時共匪陳毅的第一、四、十一及兩廣等縱隊，正在荷澤以東、鉅野以南地區，與我第五軍及整編八十三師，新編廿一旅激戰中，其第七、十三及新八、九縱隊，於陷我泰安、大汶口後，圍攻兗州。劉伯承匪部也由黃汎區趨魯西，欲躡邱清泉之後未逞，反噬開封。我於六月十九日飛鄭州，參謀總長顧祝同亦隨即趕到，我欲放棄豫北以救開封，俾利爾後之索敵攻擊，以免死守一地坐等挨打，未獲實現。我於是日下午離鄭返徐時，河南耆紳孔新三等廿餘人，攔著我跪地痛哭，殊不知我當時的心情比他們更沉痛。當晚回到徐州後，急督劉汝明、孫震等部，迅速馳援，加緊猛攻，乃於六月廿六日克復開封。劉伯承向南逃逸，陳毅向西竄犯，在睢縣以北鐵佛寺童王店附近，將我第六綏靖區副司令區壽年所屬之整編第七十二、七十五師及新編廿一旅予以包圍，我即以第五軍及整編第八十三師經蘭封而杞縣，兼程馳援，苦於劉伯承匪部極力阻擾，進展遲緩，不得已乃將原擬用於解圍兗州之黃百韜部，臨時西調，與邱兵團合力夾擊陳劉匪部，黃兵團於七月二日趕抵睢縣以北帝邱店附近後，也被匪轉用兵力將其包圍，幸經忠勇奮戰，予匪重創，兼以我邱清泉兵團於正面攻擊受阻後，改由側背迂迴，攻擊敵後，匪經力戰不支傷亡慘重，乃於七月七日四方奔逃，作鳥獸散，造成一時的豫東之捷，將匪擊潰，人心振奮，是役黃百韜厥功甚偉，最高統帥特授以青天白日勳章，以酬其功。

這是我一到徐州就四處救火，失其自主的情形。

民國卅七年的秋天，東北失利，華北緊張，津浦線上濟南與兗州兩個孤立的據點隨亦被陷，後方人心浮動。當時我的對手有兩個——陳匪毅與劉匪伯承。陳匪有十六個縱隊，約四十萬人，劉匪有七個縱隊約廿萬人，可能集中的民兵還未計算在內，而我所指揮的第二兵團邱清泉，第七兵團黃百韜，第十三兵團李彌，第十六兵團孫元良，總兵力最多不過是廿五萬人，新兵又多，裝備不全，有的軍還沒有整補完成，可見剿匪後期，我軍實力已大見削弱。徐州是南京的門戶，倘徐州有失，南京震動，但徐州為四戰之地，難守而易攻。豫東皖北，又為歷代決戰的古戰場。為求爭取主動力，遵命放棄鄭汴，集中兵力於徐州附近，作必要的準備，並要求華中方面派一有力兵團牽制劉匪伯承。因陳毅劉伯承將合攻徐州，圖一戰獲勝，直下江南，乃極明顯的企圖，而我方則有兩個對策，撤至淮河之線取攻勢防禦，或增加兵力與匪於徐州附近決一生死。惟參謀本部對攻守之計遲未確定，我請求將黃百韜兵團集結於運河西岸，又未蒙核准。至民國卅七年十一月四日，顧總長率國防部第三廳廳長郭汝瑰到徐州，研究作戰方略，五日晨召集軍事會議，國防部擬撤守淮河，但各兵團司令官以為時機已晚，敵前撤退，最為不利，不如決一死戰。乃決定「備戰退守」，即一面先集結兵力，準備應戰，一面撤退物資，並將原定由海上撤退之海州第四十四軍，改向徐州陸路撤退。

徐州剿匪總司令部令黃百韜兵團，以一部策應海州的第四十四軍，主力於十一月六日撤退。黃兵團在運河以東，因等候第四十四軍，遲至十一月八日才開始撤退。惜為時已晚，守備運河的第五十九軍、第七十七軍適於此時叛變，使運河與不老河全行開放，匪遂由黃河側背直下運河，最後演成碾莊被覆沒的悲慘結局。當十一月九日，黃兵團且戰且退，而陸續渡過運河，本擬於十日繼續西退，又奉國防部令固守碾莊待援。我當時想將徐州以西的邱兵團，不待集結完畢，乘匪陸續渡河攻擊黃兵團時，為爭取時間，逐次轉用於徐州以東，會同李彌兵團於十二日發起攻勢，以救黃百韜兵團。但十日夜，奉命來協助我指揮的副總司令杜聿明到徐州，不同意此議，主張先行集中完畢，再行開始攻擊。並謂黃兵團如能固守七日，即可獲勝。等到情勢不對，再決定行動時，匪軍主力業已完全到達，所以自十四日以後的攻擊，即未獲解救之時效。換句話說，又遲了一步。至十五日夜，國防部據空軍偵察，以匪軍大部輜重向北行動，判斷匪有撤退徵候，一再催令剿總下達追擊命令。我認為匪圍攻黃兵團志在必得，沒有將吃到嘴裡的魚再吐出來的理由，一面請空運增援碾莊（未獲實現），一面仍督促邱李兩兵團猛攻救黃。果然，匪不但未退，且攻勢益猛，至廿二日晨，黃百韜將軍自殺殉國，第四十四軍軍長王澤濬重傷失蹤，第六十四軍軍長劉振湘被俘，第廿五軍軍長陳士章、第一百軍軍長周志道，負傷突圍至徐州。

黃兵團覆沒，所謂徐蚌會戰的命運已經決定了。

此時，北上增援之黃維兵團，於十一月廿四日、廿五日，進抵蒙城以北之澮河、渦河間南平鎮、雙堆集一帶地區，被共匪劉伯承阻擊，未能前進。於是徐州附近之主力與黃維兵團，及在蚌埠附近之李延年兵團，形成分離狀態，極端不利。國防部為策定爾後之作戰指導，於十一月廿四日下午，召集剿總參謀長以上人員會商，由部長何敬公主持，先由李參謀長樹正報告，並申述意見：「放棄徐州，原則同意，但須證明陳毅主力參加圍攻黃維兵團時，再開始行動為有利。」並一再強調「計畫固計畫，但是否能澈底實施，顯難保證。此戰關係國家存亡，應請　總統或部長或總長親自指揮，則大軍振奮，將士用命，定可一戰成功。」此時，黃維兵團被圍，情勢已趨孤危，國防部乃於十一月廿七日電令「剿總劉總司令飛蚌埠指揮，徐州方面軍事，歸杜副總司令指揮。」我遂於廿八日遵令將指揮權移交給杜副總司令，而我自己則離開徐州飛到蚌埠指揮。至卅日夜，忽然聽到徐州已經撤退的消息，我當然很關心。據十二月二日空軍偵察報告：「杜部已抵永城蕭勝間之青龍集、祖樓一帶，態勢整然。但匪軍則三五成群，共約四五萬人，隊形不整，紛紛向西急進。」我當即繪製情況圖，以代電空投杜副總司令，請其迅速擊破當面之敵南下，並謂「依目前匪軍戰法，判斷較我優勢之匪軍，可能採用圍困戰法，使我軍疲而亂時，乘勢攻擊。」請其注意。杜副總司令當時回了我一個電報說：「大軍作戰，貴在態勢，刻先擬調整態勢，再行大舉攻擊。」等到四、五兩日杜部大舉攻擊時，傷亡大，進展小。蓋因匪之圍困準備業已完成，而我軍又遲了一步。

此時，我在蚌埠知道不利的情形，顯然的杜副總司令解不了黃維兵團的圍，而杜亦將同樣遭受圍困。乃急赴南京面報　蔣公，請再給一個有力的軍，由我從蚌埠向北攻擊，解救黃維兵團，祗要黃維兵團的圍解了，杜部也就沒有危險了。因為蚌埠當面雖然是匪幾個殘破的縱隊，但是我們自己的力量太薄弱，不足以摧破當面之匪。遲至十五日黃維突圍之前，才增援到一個楊幹才軍，不但太遲，而且無濟於事，結果是黃維兵團於廿七日為劉匪伯承全部包圍於雙堆集，同時其第八十五軍一〇一師師長廖運周率部投匪，十二月十五日突圍之第十四軍軍長熊綬春將軍陣前自殺殉國，副司令官胡璉、師長尹俊、王靖之突圍而出，司令官黃維，第十八軍軍長楊伯濤，第八十五軍軍長吳紹周，第十軍軍長覃道善等被俘，其餘官兵收容，不足四千人。而杜部則因十二月十七日起（黃兵團突圍後兩日），大雪連降十天，空運停止，官兵日以草根樹皮及馬肉果腹，撐持至民國卅八年元月十日，全軍覆沒，邱清泉將軍自殺殉國，孫元良、李彌兩司令官，第七十五軍軍長高吉人（重傷先飛出）、第五軍軍長熊笑三、第一三九師師長唐化南等，突圍而出。

寫到此處，我真痛心萬分，不忍再寫下去了。

附記：

一、青島之32A、50A及蘇北之4A、21A、51A、123A、T1A均未參加會戰，故未列入序列表。

二、以上共計六個兵團兩個綏區廿六個軍及兩個交警總隊另兩個師。

三、由於（一）12A係兗州戰役後收容整補未畢缺乏戰力。（二）15A於黃汎區作戰傷亡千餘元氣未復。（三）44A於海州撤退疲勞過甚戰力頓減。（四）63A、64A各僅萬餘人且裝備不全。（五）100A在黃汎區作戰傷亡亦大且因44D損失不足二師戰力。（六）8A、9A擴編未久戰力尚未充實。（七）41A、47A共計十個團且於魯西作戰傷亡迄未充實共等於一個軍戰力。（八）107A於向徐州集結途中為匪擊破。（九）59A、77A大部於運河附近叛變。（十）55A、68A大部未參加戰鬥。（十一）交警二總隊及十六兩總隊在調整人事戰力減低於守備宿縣時為匪消滅。（十二）16A在蚌埠附近在會戰初期僅2CA三個軍7CA兩個軍13CA兩個軍16CA兩個軍合共九個完整軍兵力與匪廿三個縱隊相較我為絕對劣勢。[5]

---

5 專有名詞縮寫對照：CA是「兵團」的縮寫，這是國軍的特殊戰時編制、A則是「軍」的縮寫、D是「師」的縮寫。

徐蚌會戰國軍戰鬥序列表一：會戰開始至徐州撤退前

- 總統
  - 徐州巢匪總司令部
    - 總司令 劉峙
    - 副總司令 杜聿明、韓德勤、李延年、馮治安、孫震、劉汝明
    - 參謀長 李樹正
    - 副參謀長 章毓金
    - 第二兵團 邱清泉
      - 第五軍 熊笑三
      - 第七十軍 高吉人
      - 第十二軍 舒榮（無戰力）
      - 第七十四軍 邱維達
    - 第七兵團 黃百韜
      - 第二十五軍 陳士章（海州撤退後改編）
      - 第四四軍 王澤濬
      - 第六三軍 陳章
      - 第六四軍 劉拾湘
      - 第一百軍 周志道
    - 第十三兵團 李彌
      - 第八軍 李彌
      - 第九軍 黃淑
      - 第卅九軍 司元愷
    - 第十六兵團 孫元良
      - 第四一軍 胡臨聰
      - 第四七軍 汪匣鋒
      - 第七二軍 余錦源（十九日後改編2CA序列）
    - 第三綏區 馮治安
      - 第五九軍 劉振三
      - 第七七軍 王長海
      - （大部份於運河附近叛變）
    - 第四綏區 劉汝明
      - 第五五軍 曹福林
      - 第七八軍 劉汝珍
      - （大部未參加戰鬥）
    - 第六兵團 李延年
      - 第九九軍 胡長清
      - 第卅九軍 王伯勳
      - 第五十四軍 闕漢騫
    - 第一〇七軍 孫良誠（向徐州集結為匪擊破）
    - 交二總隊 張繼武
    - 交警第十六總隊 劉直英（守備宿縣為匪消滅）
    - 師 徐有成（新編成）
  - 第十二兵團 黃維
    - 第十軍 覃道善
    - 第十四軍 熊綬春
    - 第十八軍 楊伯濤
    - 第八五軍 吳紹周

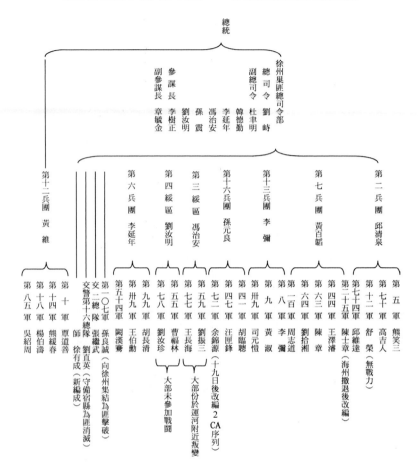

徐蚌會戰國軍戰鬥序列表：徐州撤退後

- 總統
  - 徐州剿匪總司令部
    - 第六兵團 李延年
      - 第九九軍 胡長清
      - 第卅九軍 王伯勳
      - 第五十四軍 闕漢騫
    - 第四綏區 劉汝明
      - 第五五軍 曹福林
      - 第七八軍 劉汝珍
  - 第十二兵團 黃維
    - 第十軍 覃道善
    - 第十四軍 熊綬春
    - 第十八軍 楊伯濤
    - 第八五軍 吳紹周
  - 杜聿明兵團
    - 第二兵團 邱清泉
      - 第五軍 熊笑三
      - 第七十軍 高吉人
      - 第十二軍 舒榮
      - 第七四軍 邱維達
      - 第七二軍 余錦源
    - 第十三兵團 李彌
      - 第八軍 李彌
      - 第九軍 黃淑
      - 第卅九軍 司元愷
    - 第十六兵團 孫元良
      - 第四一軍 胡臨聰
      - 第四七軍 汪匣鋒

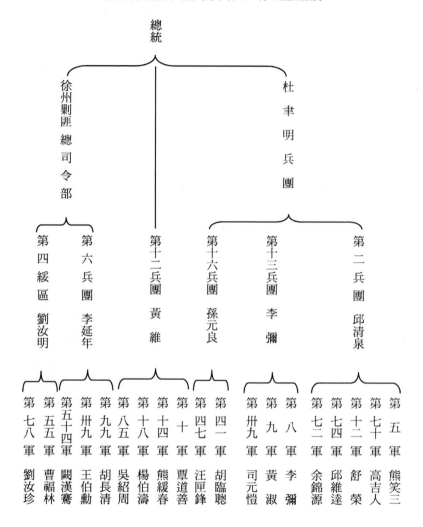

徐蚌作戰的檢討

一、我軍方面

（1）我們對進退大計，遲疑不定，結果是臨時應戰，而不是有計畫、有準備的會戰，致形成我方兵力及態勢上的劣勢。對於防諜保密不夠，我軍每一行動，往往被匪先知，使人不能不懷疑參謀次長劉斐、作戰廳長郭汝瑰，否則，部內必另有其他匪諜。

（2）戰區間協同不良，兵力轉用欠靈活，致使黃維兵團未能及早兼程東進，參加作戰，失去戰機。王凌雲部又未能隨黃兵團東進，而致黃兵團不敢放膽攻擊，終遭覆滅。

（3）參謀人員誤認匪軍退卻，影響統帥決心及兵力增援。同時對匪軍戰力增強，戰法改變，未能適時察覺，亦影響決心下達與作戰指導。

（4）對匪軍情報工作不夠，匪軍每一行動，我方事前多不知悉，致一經接觸即發生激戰，倉卒遣兵調將，應付確有困難，而我軍前進後退，則往往陷於匪之包圍中。

（5）顧慮長江與淮河之防務，結果處處顧慮，處處薄弱，致分散決戰方面之兵力。而最後會戰失敗，長江與淮河亦不能守。

（6）各部隊長個人相互間，平時在精神上有隔閡，戰時在支援上復不易協同，致雖有大軍，亦難發揮最大統合戰力。

（7）第五十九、七十七軍之叛變，及海州之第四十四軍忽撤忽停，最後改由陸路撤退，是促成黃百韜兵團失敗的主因。第一〇一師師長廖運周叛變，是加速黃維兵團失敗之關鍵。第卅二師之一營長投匪，洩露杜部企圖，是杜部最後突圍不成之近因。

（8）黃百韜將軍，兵不滿五萬，敵前撤退，倉卒應戰，苦鬥十三天，兵敗自殺殉國，可謂壯烈千秋。但是其撤退稍事遲延，渡河設備不周，以致影響作戰，不無遺憾。

（9）黃維脫離剿匪作戰較久，故對當前匪軍戰法及戰力，頗多忽視。同時，因個性關係，甚少接納部屬建議，致陷圍困，深為遺憾。

（10）兵行主速，動如脫兔。黃杜兩兵團皆有積極任務，自應出以「後發先至」之行動，方不致陷於匪軍圍點打援之慣技。尤其是黃維兵團，以十萬之眾，行軍時日行一道，渡河時僅建三橋，作戰時蝟集一處，既無形勢，又乏方略。杜聿明兵團，使大軍與千百輛汽車、礮車、牛車、馬車、人力車，及無數之機關、學校、難民，都擁擠在徐州——蕭縣——永城間公路上，爭先恐後，塞阻不前，此皆兵家之大忌。若陳劉兩匪，於其擁擠行進之際，以少數部隊予以分段側擊，則不待匪軍集中兵力包圍，即已不堪設想。

（11）黃維兵團至蒙城時，已接近戰地，應將糧彈補屯充足，再行攻擊前進。因計不及此，乃致以後對南平集作一天的攻擊，彈藥即感不繼。而蒙城又未接受熊綬春軍長建議留兵駐守，補給線已斷，使以後之攻擊，終因補給缺乏，未能貫穿敵陣，而於雙堆集被殲。

（12）黃維兵團下達給第四十九師之作戰命令，為匪截去，我之企圖，幾全暴露，而不知作預防處置，實太疏忍。

（13）大兵團無後方之作戰，如不能一舉破敵人，則危險甚大。杜聿明放棄徐州根據地，而作旋迴運動，本屬冒險，竟不能發揮勇敢果決的精神，以迅速的行動擊破匪軍，致陷全軍於危殆。

總之，此次作戰，戰略之失敗多於戰術，戰術之失敗多於戰鬥，部隊愈小，過失愈少，尤其一般中下級軍官與士兵，於反覆衝殺之慘烈戰況中，皆能不惜犧牲，奮勇直前，其壯烈浩然之氣，足以動天地而驚鬼神，在革命之歷史上，可謂無愧於先烈，所以不能以成敗論之。

二、匪軍方面

（1）共匪指揮與協同異常良好，彼此配合，相互援應，行動迅速，善於捕捉戰機。如乘我守備運河部隊叛變之際，迅速包圍黃百韜兵團，乘我放棄徐州時，迅速截擊杜聿明兵團；於截獲黃維下達第四十九軍[6]撤退之命令後，當夜即挺進包圍黃維兵團，皆足以證明其特點。

（2）共匪對後勤及戰地準備異常周到，如陳劉兩匪繼續作戰達兩個月之久，糧彈補給，兵員補充，均能適應作戰要求。同時劉匪於發覺黃維兵團北上增援後，即以一個縱隊兵力，先黃維兵團挺進，將黃維可能進出區域之渡河工具，搜集一空，使黃維兵團渡河發生重大困難，行動遲滯。

（3）匪軍決心堅強，苦撐到底，如此次作戰，匪雖傷亡慘重，其縱隊兵員之戰場補充有多至三次者，但仍不顧一切，忍痛作戰，直至最後五分鐘，故能獲致戰果。

（4）共匪善於謀略及佯動。如黃百韜兵團當面之匪，裝成北撤模樣，及壕城鎮附近匪軍之南竄，使我過早判斷匪將退卻及威脅淮河，而事先策動我守備運河部隊及廖運周等之適時叛變，與陣前喊話、送飯等，均可見其計畫之周密與用心之狠毒。其在作戰上之利益，等於無形中增加了十萬兵力。

（5）共匪各種搜索及偵察手段頗為完善，再加上廣大之民眾情報，與我後方及核心之潛伏匪諜，可謂對我軍一舉一動，非常瞭然。這當然使共匪的作戰指導至為適切。

（6）共匪利用星羅棋布之村寨，作縱深五十公里以上之面形配置，依村寨之大小，以最小限度兵力佔領，掘壕通村外，使村與村通。雖我有飛機轟炸，戰車蹂躪，礮兵射擊，均不易奏效。

---

6 編按：回憶錄原文作「第四十九軍」，應為「第四十九師」。

而必須用步兵強攻，可是前面費盡氣力攻下一寨，後面他又連上一村，使這個包圍圈像個橡皮帶，無從突破。

（7）共匪民兵組織有效，民眾組織力量更大，所以能補給不斷，補充無缺。而尤能將山東、河北、河南三省之有用資材與人力，都投之於此一會戰，動員之澈底可知。亦足見共匪之善於利用戰爭面。

以上所檢討的，不是「長他人的志氣，滅自己的威風。」或者「為有利於叛徒之宣傳」；乃是我五十萬大軍（連黃維兵團在內）用頭顱鮮血所換來的經驗教訓，使以後之用兵者，對於將來的反攻大陸作戰，用為參考。附徐蚌會戰匪軍指揮系統研判表：

徐蚌會戰匪軍指揮系統研究判圖

劉伯承

- 華東人民解放軍
  - 司令員陳毅
  - 副司令員粟裕
  - 參謀長陳士榘
  - 第一兵團　葉飛
    - 第一縱隊　葉飛
    - 第四縱隊　陶勇
    - 第六縱隊　王必成
  - 第二兵團　何以祥
    - 第三縱隊　何以祥
    - 第八縱隊　王建安
    - 第十縱隊　劉本善
    - 第十一縱隊　管文蔚
  - 第三兵團　韋國清
    - 第二縱隊　韋國清
    - 第七縱隊　成鈞
    - 第十二縱隊　陳慶先
    - 第十一縱隊　王明章
  - 第四兵團　許世友
    - 第九縱隊　聶凡治
    - 第十三縱隊　周治堅
  - 第五兵團　粟裕
    - 快速縱隊　陳銳霆
    - 兩廣縱隊　曾生
  - 張光中縱隊
  - 金紹山旅
  - 魏鳳樓旅
  - 淮海獨立旅
  - 約四十萬人（原屬中原人民解放軍）
- 中原人民解放軍
  - 司令員劉伯承
  - 參謀長李達
  - 第一縱隊楊勇
  - 第二縱隊陳載道
  - 第三縱隊陳錫聯
  - 第四縱隊陳賡
  - 第五縱隊韋傑
  - 第八縱隊孫定國
  - 第九縱隊秦基偉
  - 約二十萬人

附記：以上共計廿三個縱隊、三個獨立旅，其初期參戰之總兵力共約六十萬人。

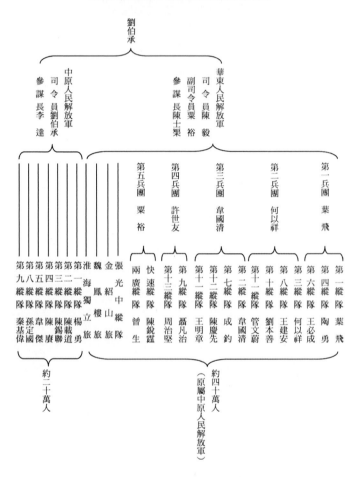

感慨、反省、期望

中國不會亡。

唯有自己承認失敗，才會永遠絕望。「楚雖三戶，亡秦必楚。」我們的前途在大陸，我們的希望在大陸，我們要打回大陸去！我不承認老了，我必定要跟在後面搖旗吶喊，為反攻將士助陣。

不善於利用有限的生命，不能創造無限的生命，徒然珍惜有限的生命，必然浪費無限的生命。

必死不死，倖生不生。

我們唯一畏懼的東西，就是畏懼的本身。面對太陽，陰影只能在你的背後。

堅強吧！當我們在憂患的時候。

一、前思後想是誰之過

當徐州附近作戰最激烈的時候，邱清泉兵團曾經在一個晚上發射砲彈一萬多發，用「火海」來撲滅「人海」。我也於此時發了一個電報給 蔣公「我不會辱及我的鄉先賢文信國公」，請他放心。同時也想到文天祥最後所留的幾句話：「孔曰成仁，孟曰取義，惟其義盡，所以仁至；讀聖賢書，所學何事，而今而後，庶幾無愧。」在這時，我的三個舊部：劉總辦公室少將副主任麻安邦、上校附員戴以道、第二處上校科長周英、也暗中作了準備，到時與我同歸於盡，不讓廬陵自文天祥（文山）以後，五百年才出我這樣的一個人物作俘虜。這是以後他們才告訴我的，我認為他們真是我的心腹幹部，為我作精忠報國的準備。不料後來一紙命令，又把我調到蚌埠，當淮河兩岸大軍南撤的時候，照一般作戰原則，是高級司令部先行後移，而我這次恰相反。為著鎮定人心，只留我和一個團在蚌埠，等於總司令擔任前哨。此時鐵路常斷，飛機已去，交通工具缺乏，我們等了很久，可是匪又不來；所以才留下這一條早已由光輝而趨於暗淡的生命，到今天來寫這篇簡略的回憶錄，實在感慨萬端！我前面說過：「真正的生命，是建築在生命的價值上。」而今國家如此，偷生何益？一個革命軍人，縱然曾立大功，而不能馬革裹屍，到頭來還難於自尋死所，其悲痛可知。

徐州剿匪總司令部，於民國卅八年一月廿日撤銷。我調到總統府任戰略顧問，從民國卅八年一月廿三日起，為記著此一奇恥大辱，我決定從此剃鬚，不消滅共匪誓不再留。而今十八年了，每對鏡自照，嘴上還是光光的，這一分悵惘的心情，誠非筆墨所能形容。回到南京晉謁 蔣公，蒙慰勉有加，囑暫時休息，使我百感交集。回憶自民國十三年進黃埔軍官學校任教官起，至民國卅八年一月為止，南剿北伐，跟著他革命，整整二十五年，東征西討、出生入死，所向有功，現在國運如此，惟有相對黯然。我擔任徐州剿匪總司令，是從民國卅七年的六月十四日起，至民國卅八年的一月廿日止，時間是七個月又六天。其間經過豫東、兗州、濟南、徐蚌四次戰役，不管國家的政治與經濟是如何的失敗，戰略與政略是如何的失調，國防部對於戰守是怎樣的舉棋不定，補充補給是怎樣的遲緩與不足，若干部隊長是怎樣的不能練兵，或者是私而忘公，但總在我手上損失大軍四十多萬。縱然　蔣公暸解，國人鑒諒，我又豈能說沒有責任？我是一個革命軍人，誠實為本，決不推諉自己應負的責任，冀減自己的罪過；何況盱衡時局，大難未已，我們錦綉河山，經過日寇侵擾之後，難道又要遭受共匪的蹂躪？——我在由南京開至上海的夜車上，前思後想，輾轉難於入寐，不免心問口，口問心：

「是誰之過？除了政府高級的文武幹部，應負其咎責外，又還有誰之過？我們能不愧對國人嗎？」

二、無可推卸的責任

我抵滬之日，即民國卅八年一月廿一日，聞悉　蔣公引退，心中無限的痛苦更增十倍，預料國勢將不堪設想，日趨混亂當在意中。廿二日晨知副總統李宗仁於代行總統職權的第二天，不識共匪陰狠，即發表謀取和平文告，派張治中、邵力子、黃紹竑、劉斐等北上，與朱毛匪黨代表周恩來、林伯渠、林彪、葉劍英、李維漢五代表進行所謂「和談」。嗣政府遷穗辦公，我也於三月十二日由上海到杭州，先為何敬公六十大慶祝壽，旋即回江西吉安原籍掃墓，並處理我所創辦的「吉安私立扶園中學」校務，四月十三日到達廣州。當我離開家鄉時，雖蒙親友及鄉紳盛情款待，熱烈歡迎歡送，但我內心則不勝其淒涼之感，真是遊子飄零，又不知將流浪到何處？何日得重返我的故鄉？

民國卅八年四月廿三日國軍撤離南京。六月十八日，我在廣州出席廣東省政府招待立法委員與國民大會代表的茶會，曾沉痛陳詞。七月十日，中國國民黨總裁　蔣公與菲律賓總統季里諾在碧瑤會議。我因民國七年曾一度乘船經過香港，當時未曾上岸，而且此時又沒有實際工作，所以於七月廿三日由廣州移住九龍，暫時靜靜的韜晦思過。

我回憶民國十六年兼任國民政府軍事委員會委員，十八年當選中國國民黨第三屆中央執行委員，十九年任河南省政府主席，廿年兼國民政府委員，當選中國國民黨第四屆執行委員，受二等寶鼎勛章，廿四年任陸軍二級上將，當選中國國民黨第五屆中央執行委員，受一等寶鼎勛章，甲種一等光華獎章，廿五年兼國防會議委員，受二等雲麾勛章，革命十週年紀念勳章，廿六年受陸海空軍甲種一等獎章，廿八年受華胄勛章、忠勤勛章、一等雲麾勛章，卅四年當選中國國民黨第六屆中央執行委員，受青天白日勛章、勝利勛章，卅七年當選第一屆國民大會代表，而軍職則由師長、軍長、指揮官、總指揮、總司令、至司令長官、綏靖主任。可以說我個人在黨、政、軍三方面都負過相當的責任，尤其是軍事責任重於黨、政責任。所謂「一將功成萬骨枯」，而這些勛章便是無數將士的頭顱與鮮血換來的。

不知道將來對於這段歷史是怎樣的評論，但我認為假如要用天秤的話，那末我個人對於此次大陸失敗應負的責任，至少應該與我的職位和功勛的重量相等。這就是我為什麼要寫這篇簡略的回憶錄之理由，絕不是記述事功，事勢至此，還有什麼事功可言呢！不過趁有生之年，說明我應該負的責任，這個無可推卸的責任。

我從小立志革命，好不容易步入正途，二十幾年東征北伐，稍遂初志，而結果只不過是「從軍閥手裡救出來的國家，而又陷於共匪的鐵蹄下了。」除了軍閥的暴政，而又被共匪實行其暴政，以暴易暴，不但沒有救國也沒有救民，而且使國家人民更陷於水深火熱中。縱然我在北伐平亂各役有可述的功勛，亦只是黃粱一夢，轉瞬成空，我愧對國人也愧對那些勛章！

假如不能反攻大陸，消滅共匪，那末，國民革命的成就——推翻滿清，建立民國，打倒軍閥，擊敗日寇——只不過是替朱毛奸匪的叛國舖路而已，那我無數的先烈是決不瞑目的。以我的看法來說，共匪禍亂國家，使人民無法生活，暴政必定覆亡的，共匪必定被消滅的。我政府播遷來臺之後，在　蔣公勵精圖治之下，反攻的基地已建設鞏固，臺灣已成為三民主義的模範省，各方面的進步，是自由世界各國公認的。反攻的游擊隊早已登上大陸，深獲民心的支持，先期勝利亦已取得，重建大陸的藍圖並已訂就，現在所期待的就是國內外的反共人士一致團結，俟時機來到一舉成功，光復大陸。

三、大陸失敗的感慨

成功不能希圖僥倖，失敗又豈是偶然？

成功不是一個人的力量，失敗又豈止是一個人的責任！

究竟是誰之過？誰又能推諉這個失敗的責任！

逝者已矣，夫復何言！

此次大陸失敗的原因，言者已多，但左列各項，至少也不能說毫無關係。

（一）失敗在敵人的陰謀——敵人的陰謀，　總統蔣公著《蘇俄在中國》一書中，對於共匪叛亂的陰謀，已有詳盡精闢的敘述，在此我無須重複，不過要引《太白陰經》上的幾句：「未戰以陰謀傾之，其國已破矣；以兵從之，其君可虜，其國可隳，其城可拔，其眾可潰。」所以大陸的失敗，如其說是「戰敗」，毋寧說是「未戰先敗」。共匪在抗日戰爭開始，便趁機實行滲透陰謀，無論是政府機關、學校、社團、部隊、事業機構之中，甚至黨內，都有匪諜潛伏著，豈不是未戰先敗之事實嗎！

（二）失敗在自己的散漫——北伐成功以後，擠進國民政府大門的，多半是享現成的福，得來容易，當然不會珍惜，所以，他們的革命哲學是：「只求個人成功，不顧國家失敗。」到行憲前後，更已經沒有了絲毫「革命」的氣味。假如有所謂「鬥爭意識」的話，那也是「九分對內，一分對外。」又安得不敗？

（三）失敗在另一戰場——我們所謂剿匪，只曉得在前方爭點爭線，而共匪不但善於利用戰爭面，而且將戰場選擇在我們的大後方。造成政府沒有錢打仗，而將民間財富留給共匪，大家反說政府貪污無能，幫著共匪宣傳，以政府為目標，大肆誹謗，使人心背離政府，無論大小官員，在被共匪誘惑者的心目中，都是貪官，都是無能者，因之，使人民鄙視政府，怨恨交加，幾乎凡事有百非而無一是。所以我認為後方的失敗更甚於前方。

（四）失敗在大家的自私——共匪推行陰謀，有他的一套政治魔術，想當年大陸上多少人將個人利益置於國家利益之上，走私、漏稅、反徵兵、反徵糧，抬高物價，囤積居奇，最後他們所得到的，卻是被沒收，被勞改與被屠殺，而一般安份守己的人，辛苦所換來的財富，也就成了共匪「抗美援朝」與「經濟建設」的資本。也有人乘國家危機時，弄了一筆金鈔，遠走高飛，在外國作寓公。只有我們少數人，忠心耿耿的追隨　蔣公圖謀反攻復國，誓死守志，做個革命軍人，為國家盡最後一口氣之力，所以我認大陸失敗在一般人自私。

毛匪澤東在延安的時候，有人聽到他說過：「國民黨內鬥內行，外鬥外行。」我曾經自我檢討，可是與毛匪所說絕然相反，我的結論是：「外鬥雖欠內行，內鬥確乎外行。」我往往做些傻事，不但與自己無益，反而招致誤會。例如：在民國十八、九年的時候，軍政部長由馮玉祥而鹿鍾麟，而由陳儀以次長代理。有一次我因公事在南京參謀本部，偶爾與參謀次長楊傑談起，竟毫無作用的大發一頓牢騷，認為不應該由這些假革命的軍閥久據重要之席，楊傑便中把我的話報告　蔣公。因之，　蔣公找我去問，我還是照樣在他面前慷慨陳詞，當時　蔣公說：「好了，你不要講了，我知道。」民國廿一年，我因內心確不願久兼河南省政府主席，願專任軍職，乃電呈　蔣公，表示願意讓位，以免　蔣公人事安排困難。又如民國十六年，　蔣公下野之後，我不能讓自東征北伐以來，共過患難的某戰友，屈居僻處，乃邀他來接第一師師長，歸我第一軍建制。一面安慰代理師長的胡宗南說：「你把這個師長讓給老師吧，我負責不久給你一個實缺的師長。」短時間內，我使胡宗南當了第一軍第廿二師師長，事得兩全。許許多多的事實，當然是過去的陳蹟，說來無益，還是不再說下去。以上所述種種，假如用另外一種眼光看，可能就大有文章，但我在當時，確係出於至誠，根本不知道什麼叫做「內鬥」。

到今天，內鬥的結果如何呢？是我們自己大家共同失敗。

敵人的勝利，往往是由我們的錯誤造成的。

——節選自劉峙，《我的回憶》，一九六六年。

一九四八：戰時日記

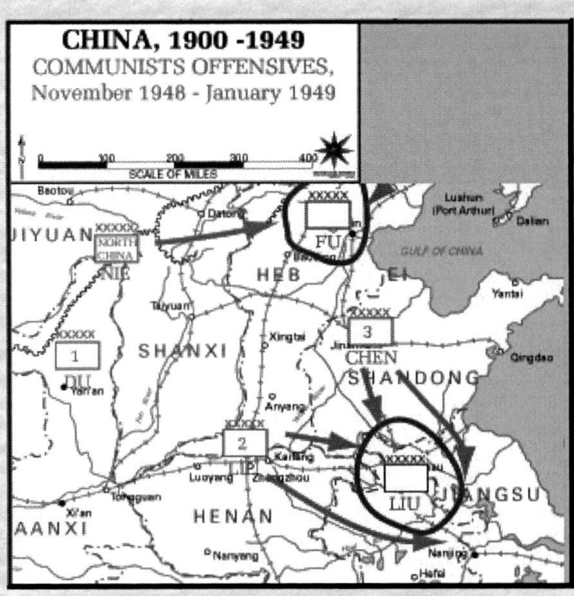
CHINA, 1900 -1949
COMMUNISTS OFFENSIVES,
November 1948 - January 1949
0
100
200
300
400
SCALE OF MILES
Baotou
Datong
XXXXX
NORTH CHINA
NIE
FU
Lushun
(Port Arthur)
Dalian
GULF OF CHINA
HEB
EI
Yantai
Taiyuan
XXXXX
3
CHEN
Xingtai
1
DU
Yan'an
SHANXI
SHANDONG
Qingdao
Anyang
2
LIP
Kaifeng
Luoyang
LIU
JIANGSU
Tongguan
Xi'an
HENAN
AANXI
Nanyang
Nanjing
Hefei

一九四八年五月

本月大事預定表（五月份）民國三十七年

一、出席國大第一次會議之閉幕典禮
二、參加中央黨部國大黨員關於政、經、軍之談話會
三、由南京返上海
四、到虹橋老機場參觀陸軍降落傘表演
五、到蘭心戲院參觀海關進修會彩排平劇
六、到江灣參觀全國運動會
七、參加總統、副總統就任典禮
八、到湯山溫泉入浴及在陸海空軍醫院檢查身體
九、與天放、立信、伯彰、景百、白凡等商組新贛社事

十、到明星、介壽堂觀平劇，大都會觀話劇
十一、往覲總統

五月一日、星期六（下弦）、陰雨／民國三十七年

（自本日起實行新時令，提早一小時）
一、參加國民大會第一次會議及主席團會議、閉幕典禮
二、應李德鄰（李宗仁）雞尾酒會及汪業洪邀晚餐

十時赴國大參加閉幕典禮畢，往訪國民政府俞局長濟時[7]，暢談至十一時卅分返宅。十三時卅五分偕芬[8]往訪李德鄰夫婦及李鴻明、沈思魯均不晤，繼到國際飯店參加李德鄰夫婦雞尾酒會於十五時四十分返宅。十七時李立侯來見，繼兆棣[9]來見。十九時赴貢院東街六華春應汪業洪[10]邀晚餐至廿時卅分

7 俞濟時（一九〇四－一九九〇），浙江奉化人。時任南京總統府第三局局長。
8 黃佩芬，劉峙之妻。
9 黃兆棣，黃佩芬之三弟。
10 汪業洪，時任國民政府內政部警察總隊總隊長。

畢。到江西省銀行後赴國大參加最後一次主席團會議，至廿一時卅分返宅。

上星期反省錄（四月廿六日至五月一日）民國卅七年

一、世界潮流趨新，思想自難長受統制，苟有人焉高唱民主自由改革，尤其至今日中國之人心未有不同之傾倒者。此次副總統之選舉可以窺其端倪，無孫（科）之失敗李（宗仁）之成功，其原因要在何可不加檢討耶。

二、人類之團結須賴有偉大之目標共同之信仰，若僅以鄉誼私情團結未有能固者，蓋已非其時代也。

本星期預定工作課目

一、參加中央黨部國大黨員關於政、經、軍談話會

二、參加中央黨部國大代表黨務檢討會

三、由南京返上海

五月四日、星期二、陰、68°、民國三十七年

一、參加黨務檢討會及到敬公處

二、到耀如處午餐，應健吾邀晚餐

九時到光華照像館取照片及到國民大會堂右側室取蔣主席玉照及國大代表證章後，參加中央黨部關於黨務之檢討會至十時卅分，赴何敬公（何應欽字敬之，尊稱敬公）處商談其任行政院長問題至十三時廿分畢。到清涼山歐陽耀如處午餐，餐畢於十五時返宅。十六時李雅仙[11]及何佛清夫人、兆棣先後來見，繼赴中央飯店訪友均未晤。於十九時十五分赴勵志社應白健公（白崇禧）邀晚餐至廿時五十分返宅，白凡同來談。十一時李立侯偕曾念華夫婦來見。

五月五日、星期三（立夏、重五）、晴、74°、民國三十七年

一、晉見主席及何敬公

11 李雅仙，一八九二年生，河南汝南人。早年畢業於河南公立法政專科學堂及陸軍軍官學校步科。時任制憲國大代表及立法委員。

二、到蕭吉珊[12]處午餐及徐中岳等

九時五十分劉任曾、劉愷鐘[13]先後來見，繼赴國民大會堂會合江西國代請願團孟章後赴何敬公處，繼返宅晤兆爾兄。十一時廿五分乘兆爾之吉普赴主席官邸，至十一時四十五分見主席談話後赴敬公處一談，繼返宅偕芬到蕭吉珊處午餐至十五時返宅，休息後於十六時四十分往訪徐中岳[14]夫婦、墨三（顧祝同）夫人、靜安夫婦、白夫人等至廿時返宅。廿二時李立侯、黃兆棣先後來見。筠妹本晚由滬到京。

五月六日、星期四、晴、70°、上海、民國三十七年

由京乘火車返上海，七時卅分黃兆孚、兆棣、一峯先後來送行，八時二十分由住所起行於八時四十分抵下關北車站，至九時火車東行，隨行有芬、筠、大愚及司機衛士等共五人。送行有滌寰[15]夫婦、兆孚、兆棣、士尤等。於十六時十八分抵滬，催搬場汽車馭行李返宅。廿時陳近家來見。

12 蕭吉珊（一八九三—一九五六），廣東朝陽人。時任國大代表，僑務委員會常務委員。

13 劉愷鐘，江西永豐人。時任工商部常務次長，一九六四年在台去世。

14 徐中岳（一九〇四—一九八二），安徽霍邱人，黃埔一期。時任國大代表、立法委員。

15 劉峙長子。

五月七日、星期五、雨、70°、民國三十七年

一、接見伯翰、煒昌、東發、韻九等
二、應岳陽及觀濤夫婦邀午餐

九時胡伯翰[16]來見，繼劉東發、李奇等來見。先是裴韻九、劉光輝因換汽車事來見。十二時卅分東發與余等在宅同進午餐，十三時馮柳鄰來見，繼殷煒昌來見，又熊煥良、周錦文來見。十四時十分偕芬及馨山到臨同大樓晤志華、稽鶴、榆軒等。繼赴市為余製夏衣及整眼鏡至十七時返宅。十九時卅分赴徐光濤夫婦、李岳陽夫婦邀晚餐至廿二時返宅。廿二時劉師尚在宅候晤至廿四時始去。

五月八日、星期六、晴、70°、民國三十七年

一、接見遐九、稽鶴等，應楊憲等邀午餐
二、視晉東病並到杏花酒樓晚餐

[16] 胡伯翰（一九〇〇－一九七三），河北新海人。時任國大代表，國民大會第一次大會主席團成員。

十時卅分劉遐九來見，十一時偕芬到市購棹燈後赴天源晤韻九、光輝至十二時卅分到凱歌歸酒樓應杜鏞（杜月笙）[17]、楊憲、顧嘉索、范何增邀午餐，至十三時卅分返宅，並在該處攝影留念。繼劉稽鶴來訪，又壽森[18]夫婦及其父南君來訪。十八時五十分送壽森夫婦到上坡西湖酒樓後往申江醫院一敘並探視鄧雲景病。赴杏花酒樓應東發、近瑞邀晚餐至廿時四十五分畢。廿時五十分偕芬等到群京大劇院看電影《塞外平雄記》到廿二時卅分畢。到大野舞臺接岳母等於廿三時十分返宅。

上星期反省錄（五月四日至五月八日）民國卅七年

一、黨員違背黨之決議論理應為叛黨，然以今日少數人把持黨務會議，其所決議者僅為少數人之意志，違反多數人之心理則不能謂之叛黨，只可謂與把持黨務之少數人意見相左而已。嗚呼黨員對黨無信仰不服從，黨之威權掃地是誰使之然。

本星期預定工作課目

一、到虹橋老機場參觀陸軍降落傘之表演

17 杜月笙（一八八七—一九五一），上海浦東人，幫派領袖。早年加入八股党，與黃金榮及張嘯林結為把兄弟。時任制憲國大代表。

18 劉壽森，劉峙長婿。

二、到蘭心戲院參觀海關進修會彩排平劇
三、到江灣參觀全國運動會田徑賽及頒獎
四、到江灣參觀全國運動會游泳

五月九日、星期日（日環食）、陰雨、68°、民國三十七年

一、到虹橋老機場參觀降落傘表演
二、應馨山邀早點、到海關進修會晚餐

十時應馨山邀到榮康酒樓早點至十一時廿分返宅。十二時五十分偕芬、馨山、筠奉岳母並兆棣各小孩乘車到虹橋老機場參觀陸軍降落傘表演至十三時五十分畢，以道路擁塞至十七時始返宅，壽森夫婦同返。十九時十五分堯衢夫婦來見，繼毛科長德清來見。廿時十分偕芬奉岳母到同益裡海關進修會應師

三、卉之等晚餐至廿二時返宅。

五月十日、星期一、陰雨、66°、民國三十七年

一、應黃季寬夫婦邀晚餐
二、到蘭心參觀海關進修會平劇

十六時廿分偕芬、馨、筠到林森路偉達西裝店試衣，並購花籃贈蘭心登臺之黃漢祥等，及到中西療養院會張友榆醫師到十七的卅分返宅。十九時偕芬到林森中路黃宅應季寬夫婦邀晚餐至廿一時卅分，到蘭心戲院參觀海關進修會平劇社彩排至廿三時返宅。

滌宇[19]本日生一小，為取名倬騰[20]。

本晚入浴。

五月十一日、星期二、陰雨、68°、民國三十七年

一、接見東發、奇芬、范光陸等

19 劉滌宇，劉峙次子。
20 劉倬騰，國立臺灣大學海洋研究所海洋物理學教授。

二、到江灣參觀全運及頒獎，並應陶一珊[21]邀晚餐

九時彭東發偕李奇芬來見，繼毛德清與其父來見，繼范光陸來見。十四時毛德清與其父偕蔡團長隆仁（憲九團）到宅。十四時十五分趙世棟夫人來見至十五時十分，偕芬攜小兒女等由蔡團長等先導乘車到江灣上海體育場參觀田徑賽並發國術優勝獎章，至十七時返宅。

十九時卅分偕芬到凱歌歸上海酒樓應陶一珊邀晚餐，並聽唱平劇於廿一時四十分返。唐志華夫婦去寓晤商歐陽升如事。

五月十二日、星期三、陰晴、68°、民國三十七年

一、接見毛德清、張志威夫婦及祝伯章等
二、到唐生明處午餐

十一時毛德清夫婦偕張志威夫婦來見，十二時五十分赴金神父路應唐生明[22]邀午餐，同席者有張向

21 陶一珊（一九〇六－一九七八），江蘇江寧人。軍校六期生，時任上海市民政局局長。
22 唐生明（一九〇六－一九八七），湖南東安人，軍校四期生。抗戰勝利後曾任重慶國民政府軍事委員會調查統計局中將設計委員，

華夫婦等，至十五時廿分返宅時有田治伏夫婦候見，與之暢談纔離去。廿一時韻九偕祝伯章來見，本日芬為升如債務與之交涉仍不得結果，情極。

五月十三日，星期四、晴、69°、民國三十七年

一、到天源裴韻九處午餐

二、到劉南君、杜仲及陸元升處晚餐

十二時廿分偕芬赴天源應裴韻九邀午餐，餐畢到中華軍裝店及偉卜道西裝店試衣，至十四時卅分返宅。赴一品香訪劉師尚不遇，十五時田建中夫婦來見。十九時廿分偕芬到鉅鹿路應劉南君、杜仲邀晚餐，適逸先來晤亦同往，未終席復到林森路中南新村應陸元升邀晚餐，餐畢暢談至廿二時返宅。本晚入浴。

一九四九年三月任南京總統府參軍，同年八月在第一兵團副司令官任內投共。

五月十四日、星期五、晴、70°、民國三十七年

一、接見治伕、師尚等及邀謝仁釗[23]等午餐
二、到江灣觀游泳及到王桂芳處晚餐

九時卅分田治伕、劉師尚來見，繼歐陽耀如、陳曉莊、吳服菴先後來見，服菴、耀如均有事商談，十二時卅分去宅邀謝仁釗太夫人、謝仁釗、毛德清之父（毛德清之父名倜群）及毛德清夫婦、張志威夫婦、譚輔烈[24]夫婦、蔡太太等午餐，至十四時散。繼彭東發、唐志華來見。十五時卅分偕芬、馨攜枝瑛及偉超到江灣全運會參觀游泳，至十七時五十分返宅。十九時偕芬到王桂芳處晚餐至廿二時返宅。

[23] 謝仁釗（一九〇五－一九七八），安徽祁門人，美國華盛頓美利堅大學碩士。時任國民黨上海特別市黨部委員兼秘書長，並兼光華、復旦大學教授。
[24] 譚輔烈（一九〇五－一九八二），江蘇高郵人，黃埔一期生。曾任徐州警備司令，第二兵團副司令官等。

五月十五日、星期六、晴、70°、民國三十七年

一、邀賀衡夫等午餐及為陸楡等證婚
二、到海軍聯歡社晚餐及到堯衢、卉潔處

十一時至十二時毛鳳章、胡今予、朱宗鼐、信孚中、劉子傑、辛筱山等先後來見。
十二時四十分邀賀衡夫、李奇如、彭東發、吳服菴、毛鳳章等去宅便餐至十三時四十分散。
十五時五十分黃公堯衢夫婦來見。
十六時赴東樂酒樓為陸楡與高儁宜、高承矩與單雲軒結婚證婚，至十七時四十分返宅。
十九時卅分會詹南政赴海軍聯歡社應桂崇基[25]、徐之浩、俞奮、巫書麟邀晚餐至廿一時十分返宅。
廿一時五十分偕芬到堯衢處暢談後赴金世准處，於二十四時返宅。

---

25 桂崇基（一九〇一－一九九〇），江西貴溪人，早年留學美國獲哥倫比亞大學碩士。時任行憲國大代表。來台後曾任東吳大學法學院教授。

上星期反省錄（五月九日至五月十五日）民國三十七年

一、國家之家無處不暴露其窘，非如此次全運會，藉入場劵廣告費之收入以撐門面，幾不知為偉大之運動場而為偉大之市場矣。奇奇怪怪之現象映入眼簾，深歎吾國躋於四強之列為不可思議之事矣。

二、要有新的精神才能求得新的進步。

本星期預定工作課目

一、到興中學會

二、參加黃慧麟與潘承琪訂婚宴會（行舊式名換庚帖）

三、由滬乘車到京

四、參加總統、副總統就任覲見典禮、謁陵典禮

五月十六日、星期日、晴、72°、民國三十七年

一、偕治伏到興中學會及到上海酒樓午餐

二、到招商局俱樂部參加承琪與慧麟訂婚宴會

十時廿分田安邦來見，繼壽森偕余柏良之長子來見。

十時五十分劉師尚來見並贈以杭扇。十二時偕田治伕到興中學會與楊嘯天、范紹增在關公像前誓，共團結以實行三民主義復興國家民族，至十三時半同到凱歌歸酒樓午餐（由岳陽會帳）至十五時返宅。繼萬象春來見。十九時偕芬、筠奉岳母到五馬路外灘招商局俱樂部參加潘承琪與黃慧麟訂婚宴會，至廿一時卅分返宅。

五月十七日、星期一、晴、72°、民國三十七年

一、接見戴實生夫婦、謝仁釗、陳石泉等

二、訪吳服葊及到蜀腴應田安邦、李洪業邀晚餐

九時戴實生夫婦來見，繼彭東發、李壽芬來見，談萬象冠搗亂擬請吳服葊律師與之交涉事。

十三時卅分謝仁釗、陳石泉來見，繼偕芬到市購物及到大東旅館會吳服葊，同時晤李國珍、李奇芬等，到十八時返宅。

十九時十分偕芬、馨到蜀腴酒樓應田安邦、李洪業邀晚餐至廿一時卅分返宅。本晚馨山夫婦等乘安康輪赴潯。

五月十八日、星期二、陰雨、70°、南京、民國三十七年

由上海乘京滬車到南京。

六時起床運動漱洗後七時卅分謝尹方、紀長、仁釗來促於八時十分偕芬及仁釗等乘車赴上海北站，登京滬車於九時車開，在車上後遇到師尚邀之同坐於一處。後晤朱素蕚（女）、何培元、邵毓麟[26]、劉炎等至十六時四十分抵下關車站，有萬鐵心、彭熙成、汪蘭生、陳桂等到站歡迎。余與芬及大愚等乘愷鐘派來之車駛回文佩里住宅，繼南山、生珊來見。十九時四十分到顧宅繼到愷鐘宅又到中央飯店。在中央飯店晤銘三（蔣鼎文）、仁釗、吉甫，至廿二時四十分返宅。

26 邵毓麟（一九〇九－一九八四），浙江鄞縣人。日本九州帝國大學政治經濟系畢業，時任軍委會國際問題研究所中將代理主任。

五月十九日、星期三、陰雨、67°、民國三十七年

一、接見何佛清、顧墨三、方子樵、周英等

二、往謁敬公、德公等

八時卅分何佛清來見繼丁同立（卓如）來見，九時顧墨三（顧祝同）來見，繼李立侯來見。十時孫靖塵來見，繼劉師尚來見。十一時往謁何敬公到十一時四十分返宅。十四時卅分到中央飯店及白公館坐，遇人接赴大方巷晤李副總統德公，到十五時卅分返宅，有陳洪潔、周少魯侯見。繼印靈、吳中林夫婦（並贈以人參一枝）先後來見。廿時汪蘭生、周英、李世超等來見。繼劉愷鐘、方子樵、蓮枝等來見，至十一時五分先後散去。

五月二十日、星期四、陰雨、70°、民國三十七年

一、參加總統、副總統就任典禮

二、接見師尚、仁釗、蕭純錦等

八時卅分劉師尚、謝仁釗來見。九時廿五分到國民大會堂參加總統、副總統就任典禮後到總統府行覲賀禮畢，到內花廳前攝影，至十一時五十五分返宅，由胡印靈邀共午餐。十三時車遊程門，蕭濤雨、周子魯皆來見。十四時到姜鐵心處一談後返宅。十四時五十分新淦、劉國雄來見，繼鄧遠謚、馬林森（大剛報攝影記者）來見。十五時廿分立侯偕浙贛路局秘書主任須志遠、蕭純錦、柳藩國來見。十五時王佐民來見，十六時何佛清來見。廿時後俊德夫婦、式勤夫婦來見，繼仁釗、砥中先後來見。

五月二十一日、星期五（小滿）、晴、77°、民國三十七年

一、到陵園參加總統、副總統謁陵典禮
二、接見黃堯衢等及赴墨三、敬公處

晨劉曉風、郭尚中來見。
八時黃堯衢來見，繼竺鳴濤[27]、史宏熹來見。九時卅分赴陵園參加總統、副總統謁陵典禮後到中央飯店晤符昭騫、葉劍雄及到姜鐵心處一談，至十二時返宅留堯衢在宅午餐。十二時卅分黃鏡元來見，繼

[27] 竺鳴濤（一八九六－一九六九），浙江嵊縣人，黃埔三期及日本野戰炮兵學校畢業。時任制憲國大代表及衢州綏靖公署主任。

張孟俊、盧澤三先後來見，曹涵清來見。十六時程天放來見，繼李雅仙、方覺慧[28]、孟吟冰、凌承緒、何佛清、謝仁釗、劉師尚等先後來見。又韓駿傑來見。十九時卅分赴墨三處，後赴敬公處又到墨三處，至廿一時卅分返宅。傅良居、曾憲成來見。李立信來見繼謝振華來見。廿二時送芬乘夜臥車赴滬。

五月二十二日、星期六、晴、78°、民國三十七年

一、接見陳辭修（陳誠）、李培基等並往訪健公等

二、應果夫邀到該處晚餐及到鐵心處

八時陶靖華偕陳副官獨真來見，繼曾泛煌、呂敦毅、何佛清先後來見。九時半陳辭修（陳誠）來見繼王雨民來見。十時半劉師尚、謝仁釗來見，繼李培基來見。十四時十五分姜鐵心來見繼黎為民、范世勤來見。十四時五十分赴國防部晤健公（白崇禧）及彭文、任夫見面暢談，後往訪辭修。十九時應陳果夫邀到該寓晚餐，餐畢到鐵心處一敘至廿二時返宅。廿二時十分鐵香、耀黃、吳城夫婦來見，又李世超、黃迪棟來見。

[28] 方覺慧（一八八六－一九五八），湖北蘄春人。時任國民黨湖北省黨部主任委員制憲國大代表。

（為紹化不肯交出地政局收據及余之啚章而怒氣難釋）

上星期反省錄（五月十六日至五月二十二日）民國三十七年

一、人到晚年所欲者有良子女，余也不幸，螟蛉子既兇狠乖常，親生子輩最長者亦不肖，余誠不知家庭中尚有何樂趣也。

二、天地閉聖人隱之時，拎笏登臺者將何以言治。好話說盡，壞事做盡，適足以獻其醜耳。

本星期預定工作課目

一、在首都參觀陸海空軍醫院

二、到湯山浴溫泉及檢查身體

三、與天放、立侯邀同靖塵、伯彰、叔綱、人豪、際唐、愷鐘、絜悟、白凡、思魯、任夫聚餐，商組新贛社事。

四、以迪化南路亾有之狹長小地皮讓給馬星樵夫婦

五月二十三日、星期日（望）、晴、76°、民國三十七年

一、接見竺鳴濤、史宏熹、朱鐵香等
二、到中央飯店午餐、凌天衡處晚餐

九時至十時郭放、何士尤、許伯州、竺鳴濤、史宏熹[29]、何佛清、尹春我、朱焜、劉蕩平、周公座來見。繼楊曦春、譚叔魚、朱鐵香、許卓修、劉師尚、謝仁釗先後來見。

十三時半偕仁釗、師尚到中央飯店午餐，由師尚會帳。繼仁釗、師尚到悔吾、鐵城、志舟等處至十七時返宅。十七時五十分李立侯來見，繼李培基來見。十九時赴汪竹坡處繼赴凌天衡處晚餐至廿一時返宅（汽車在淮海路拋錨）。

已定何士尤離職。

[29] 史宏熹，江西南昌人，黃埔二期。時任臺灣基隆要塞司令，涉及二二八事件，為頗有爭議人物。

五月二十四、星期一、晴陰、72°、民國三十七年

一、接見若谷等及往訪何敬公、萬子樵等
二、到六華春午餐及參觀陸海空軍醫院

九時黃若谷偕謝溥福來見，若谷報告南昌情形及呈出帳單。十時半偕印靈到何公館覲見敬公，繼到中央飯店晤徐可成、江一平並遇萬子樵。繼赴平安里晤萬子樵到馬路街訪夏靈炳未遇。歸宅晤陳石泉、陳巧平、謝仁釗、劉師尚偕赴夫子廟六華春午餐，繼景院長凌灝參加餐畢，到陸海空軍醫院參觀，於十六時返宅。旋樹誠、淵如、鐵心、靜安先後來談。廿四時蓮枝來見，繼紹化交出收據啚章。

五月二十五日、星期二、陰、70°、民國三十七年

一、到湯山浴溫泉及檢查身體
二、接見東峰、文舉等，往訪樹誠、墨三

九時羅東峰來見，繼郜子舉[30]、李烈武來見，旋陳石泉、陳巧平來。與師尚、仁釗等共同早餐畢於九時五十分乘吉普車赴湯山因加洞，至十時五十分始達陸海空軍醫院，入浴溫泉及檢查身體（用X光透視），至十六時五十分啟程返京，余更往晤紀蓮枝、吳城等，於十八時卅分返宅。廿時往訪樹城後返宅，接見譚叔魚、呂德璋。廿一時卅分往訪墨三，至廿二時卅分返宅。廿二時五十分程天放[31]、李立信來商談一切。

五月二十六日、星期三、晴、74°、民國三十七年

一、接見東發、樹誠、可為、龍韜等

二、訪李鐵軍等及到鐵心處晚餐

八時卅分彭東發由滬來見，繼楊樹誠偕劉廠長來見討論蚌埠經營事約一小時，彭留宅午餐。十時彭

30 郜子舉（一八九九－一九八二），河南魯山人，保定軍校第八期畢業。抗戰勝利後曾任軍政部駐東北軍事特派員兼第六補給區司令及東北農墾局局長。一九四六年當選為制憲國大代表。

31 程天放（一八九九－一九六七），江西新建人，加拿大多倫多大學政治學博士，時任立法院外交委員會委員。來台後一九五〇年任教育部長，一九五八年任考試院副院長。

志成、龍韜來見，繼王可為、李維仙來見。十六時姜鐵心來見，略談後偕赴東門街訪晤李鐵軍暢談，繼往訪陶桂林未晤，乃偕赴中央飯店晤仁釗，偕赴鐵心處晚餐，時東發及康步七等亦來會，至廿一時廿分與仁釗同到太平商場購物，至廿一時五十分返宅。廿二時李世超來見，廿二時四十分黃迪棟來見。

五月二十七日、星期四、晴、80°、民國三十七年

一、接見東發、育萬、一予等

二、與天放、立侯邀伯彰等午餐，並商談贛社事

八時卅分彭東發來見，繼朱育萬持進之函來見。九時卅分楊樹誠偕其文牘來見。十一時顏錫九來見，詳陳其經過。十二時余與天放、立侯在本宅邀靖塵、伯彰、叔綱、人豪、際唐、愷鐘、絜悟、白凡、思魯、任天午餐並會商組織新贛杜事，至十四時卅分先後離去。十八時楊大成來見，繼郭一予來見。廿一時偕師尚到中央飯店，余於華盛頓理髮館理髮後到中央飯店入浴，至廿三時返宅。

五月二十八日、星期五、晴、80°、民國三十七年

一、往晤蔣銘三（蔣鼎文）、何敬公在墨三處午餐
二、接見李士珎、葉光、陳伯庚等

晨余鉞男來見。
八時卅分吾芬由滬到，余尚未起床，相見甚歡。九時卅分赴堇菜巷晤蔣銘三。
十一時廿分赴聞雞閘晤何敬公至十二時卅分，赴顧墨三處參加午餐至十四時返宅。十六時姜鐵心來見，繼周少魯來見。十七時卅分李校長士珍、夢周來見。廿時余偕芬到玄武公園一遊，廿三時仁釗偕葉光、國大代陳伯庚來見。

五月二十九日、星期六、晴、84°、民國三十七年

一、接見陸心丘、楊嘯天、何佛清，往訪胡白凡等
二、到大同定軍服及到中央飯店入浴

九時陸心亙來見，十時偕芬到大方巷訪鄧達謐未遇，繼到吉兆營訪胡白凡夫婦後，到大同定製軍服及到西藥房購藥，並到雨民處未遇。到文風書局晤其經理洪俊濤，於十二時卅分返寓。十四時戴翌夫婦來見。十九時楊嘯天來見，繼何佛清來見。廿時卅分偕芬及師尚到中央飯店入浴，至廿二時返宅。

上星期反省錄（五月二十三日至五月二十九日）民國三十七年

一、年輕人和中年人之積儲為防老之用，然則老年人之積儲為何用？為遺留兒孫耶。古人云，兒孫自有兒孫福，莫為兒孫作馬牛。寄語老馬老牛可以醒矣！

二、曾國藩用人重鄉氣而斥官氣，用將領不重善說話者。今日用人之方式恰反，是宜國事之日湮也。

本星期預定工作課目

一、到明星介壽堂觀平劇，大都會觀話劇

二、由岱峯邀遊玄武湖並拍電影

三、由京返滬

五月三十日、星期日、陰雨、80°、民國三十七年

一、接見陳瑞河等，往訪湯恩伯[32]等
二、留治驊晚餐並偕往觀平劇

九時四十分陳瑞河、鄭淩清來見，繼河南十二區保安副司令趙同信來見。十時十分蔣銘三來見，繼王雨民來見，又袁亮甫、李秀珊來見。十四時卅分兆棣來見，繼偕芬往訪侯天士、湯恩伯、劉任夫、楊嘯天等，至十七時卅分返宅。十八時趙治驊父女子來見並留晚餐，繼劉師尚來即往本宅。廿時四十分偕芬及治驊父女子到明星觀平劇（主角顧正秋），至廿四時返宅。

敬公電話通知余定在徐州方面任職

五月三十一日、星期一（下弦）、陰雨、民國三十七年

一、在墨三處午餐、往覲總統及謁何敬公

[32] 湯恩伯（一八九九－一九五四），浙江武義縣人，日本陸軍士官學校步科畢業。一九四六年當選制憲國大代表，一九四八年八月任衢州綏靖公署主任，十二月兼京滬警備總司令。

二、戴堅及任夫處晚餐並接見谷九等

十時毛鴻藻由鄭州來見，繼胡屏章及李一民來見，又南山及兆孚來見。十時卅分楊谷九來見。十三時到顧墨三處午餐並談商徐州方面事，至十五時到李立侯處一談，於十五時四十五分赴總統官邸聆總統訓示後到何敬公處一談，至十七時卅分返宅。十八時黃達雲（黃杰）夫婦來見，十九時偕芬至洛珈路戴堅夫婦處晚餐，未終席到劉任夫處參加新贛社同人聚餐並暢談一切，至廿二時返宅。廿二時鐵心、尊三、吳城夫婦、龍天正等在宅侯見。

上月反省錄（五月份）民國三十七年

一、靜極思動人之常情，然余雅不願聞不甘寂莫之語。此次總統召見仍欲畀以剿匪重任，此固非余所喜者。惟何敬公允任國防部長，墨三兄又任參謀總長，公誼私交何敢袖手，重作馮婦良非得已，當無人以官迷見譏，蓋係跳火坑之事非啚任何享受也。

二、人之出處不可不慎，尤其軍人關係死生安可忽視。然若目睹其曾參與創造之基業有慘被摧殘之危險，豈可不奮起而救之耶！

一九四八年六月

本月大事預定表（六月份）民國三十七年

一、在京到介壽堂及明星觀平劇，大都會觀話劇「清宮外史」
二、往來京滬
三、去滬到滬光觀電影
四、覲總統辭行
五、偕顧總長到徐就徐州剿匪總司令職
六、參加軍校廿四周年紀念會及第七軍訓班開學典禮
七、接見本部各單位主官及對各單位點名
八、乘機到上空督戰及往來鄭汴
九、主持本部部務會上報及作戰會
十、視察徐州城防工事

十一、參加政工人員互助會徐州分會
十二、參觀裝一團演習
十三、主持陸空聯絡班第六期畢業典禮
十四、檢閱徐州警察保安隊及民眾自衛總隊

六月一日、星期二、陰晴、76°、民國三十七年

一、接見白凡、立侯等往訪健公、天逸等
二、到金岱峯處，偕同到玄武湖及在侯宅晚餐

九時王雨民來見，繼胡白凡攜王繼膏來見，繳新贛社入會費，又章麟來見。十時到大同服裝店後赴國防部晤墨三、蔚文、為章（劉斐）[33]、天逸（方天）[34]、任夫、介民、健公（白崇禧）、默菴等，於

[33] 劉斐（一八九八－一九八三），湖南醴陵人。廣東西江講武堂畢業，曾赴日本陸軍士官學校及日本陸軍大學學習。時任國防部參謀次長，潛伏共諜。
[34] 方天（一九〇二－一九九一），江西贛縣人，黃埔二期。時任國防部第五廳廳長代理參謀次長，一九四九年九月任長沙綏靖公署副主任。

十一時五分返宅。十六時十分往謁何敬公未晤，繼往訪王遠天暢談後於十七時返宅。十七時卅分偕芬到金岱峯處偕往玄武湖攝活動電影及遊船，至十九時返徐宅，即在該處晚餐。餐畢到顧宅至廿二時返宅。廿二時李淵如候見，繼李立侯、鐵心、尊三及雷福祥、黃迪棟先後來見。

六月二日、星期三、晴、80°、民國三十七年

一、接見李默菴、鄭介民等，往訪江一平等
二、到黃達雲處晚餐及到介壽堂觀平劇

九時贛省黨部委員羅光華偕劉遜瑤來見，繼李立侯偕何昌傑來見，又鄒傑天來見，繼夏基中、周斌、李默菴[35]、鄭介民先後來見，又王履階、趙拒洲、時君謀、周述文、何競武來見。十三時偕芬赴西東路劉愷鐘處午餐，餐畢略談後往中央飯店訪一平、仁釗等繼赴三條巷訪郭一予夫婦，偕往訪默菴。到大同服裝公司試衣於十七時返宅。十九時偕芬到錢塘路應黃達雲邀晚餐畢，偕赴介壽堂觀平劇，主戲為王繩祖之「鳳還巢」，未看畢即於廿四時返宅。

[35] 李默庵（一九〇四－二〇〇一），湖南長沙人。黃埔一期畢業，時任制憲國大代表，後任長沙綏靖公署副主任兼第十七綏靖區司令。

六月三日、星期四、晴、84°、民國三十七年

一、接見丁德隆、馬超俊、李延年等

二、到大都會看話劇「清宮外史」

八時五十分劉曉風來見，繼丁德隆、李德廉[36]、周祥、劉實、羅光華、黃鎮唐、辛華鐵、李延年[37]、凌承緒[38]夫婦、李敬齋、劉有華等先後來見。十六時馬超俊[39]來見，繼程炯來見。十七時謝仁釗來見，十九時四十五分偕芬及大愚、兆棣、紹化到大都會戲院看話劇「清宮外史」，至夜深〇時卅分返宅。

六月四日、星期五、晴、84°、民國三十七年

一、到墨三處午餐應立侯邀晚餐

36 李德廉（一九一四—一九六八），江西臨川人。時任國民黨江西省黨部執行委員兼副秘書長，制憲國大代表。

37 李延年（一九〇四—一九七四），山東廣饒人。時任徐州綏靖公署副主任。

38 凌承緒（一九〇六—一九七七），江西安義人。時任國防部九江指揮部第四處處長。

39 馬超俊（一八八六—一九七七），廣東臺山人。時任國民黨中央農工部部長，制憲國大代表。

二、由京搭夜班車赴滬

八時卅分朱育萬持進之函來見，九時卅分王雨民來見，繼詹絜悟[40]來當交給余及白凡新贛社入社費。十二時四十分到墨三處午餐畢與之商徐州方面人事，至十四時返宅。十四時卅分大愚介紹王丕來見，十六時卅分李立侯繼蕭贊育[41]、杜如為來見。十七時四十分蕭體道夫人來見，繼偕芬到解豐巷訪李潤生晤其夫人，繼往訪李定夫婦、小峰夫婦及到都城飯店應李立侯邀晚餐，至廿時五十分送芬返宅後往謁敬公並在該處晤李副總統至廿一時返宅。廿一時廿五分偕芬等乘吉普到下關車站乘廿三時夜臥車赴滬。

六月五日、星期六、晴、77°、上海、民國三十七年

一、由京到滬接見沈慧蓮、錢劍稽等

二、到沈慧蓮處及到來喜飯店晚餐

40 詹絜悟（一九〇一－一九七五），江西樂安人。曾任國民黨中央宣傳部處長，國民政府行政院新聞局處長。時任行憲國大代表。

41 蕭贊育（一九〇五－一九九九），湖南邵陽人，黃埔一期。時任第六屆國民黨中央執行委員，立法委員。

七時一刻由京抵滬即返私宅休息。十時卅分沈慧蓮偕錢劍稽律師為巨福路地權事來見，繼胡攘亞來見（巨福路即迪化南路）。十一時卅分劉智坤（聚安）來見並留午餐，十四時唐志華夫婦來見，繼毛德清來見。十四時五十分偕芬率劉智坤及兒女等奉岳母先到沈慧蓮處，繼到司徒博醫院為宏兒醫牙及到市購物，並往同孚路視偉超病及情形，至十七時廿分返宅。十七時卅分陸榆來見，繼治伏來見。十九時四十分李洪業偕治伏來見，旋偕赴來喜飯店晚餐至廿一時返宅。廿一時萬家春夫婦來見。

上星期反省錄（五月三十日至六月五日）民國三十七年

一、古人云，勿以惡小而為之，勿以善小而不為。
　　此正吾人謹小慎微，力啚上游之要訣而不可忽視者。觀今之人其所行所為恰與此相反，宜世風之下也。

二、世間無真是非，因之世人無真人格，然不能逃神明之鑒臨也。

本星期預定工作課目

一、到滬光看電影

二、由滬赴京

三、在京到明星戲院看平劇
四、在京遇舊曆端午節

六月六日、星期日（芒種）、晴、77°、民國三十七年

一、接見東發、桂芳、小山、堯衢等
二、赴萬象春宴及到滬光看電影

九時卅分東發偕王桂老來見，繼幸小山、翁仁兄夫婦先後來見。十時黃公堯衢來見，十一時殷煒昌來見，繼偕往訪杜月笙談滄州別墅房屋出頂事至十一時五十分返宅。十二時卅分偕芬攜子女到上海酒樓應萬象春午餐，餐畢於十四時卅分返宅。十五時十分吳中林來見，繼甘夫人來見。十六時五分偕芬奉岳母及攜渭麟、蓉蓉到滬光電影院觀中國電影「新閨怨」，為壽森所邀請也，至十八時卅分畢。十八時卅分由滬光到市購物赴陶一珊處茶敘，後於十九時四十分返宅。廿時四十分王冠榮夫婦偕黃茹倫來見，又維笙、賢生來見。

六月七日、星期一（朔）、晴、77°、民國三十七年

一、應虞順懋、田安邦邀午餐

二、與東發共宴客。本晚由滬赴京

九時謝仁釗來見，繼萬象春夫婦來見。十一時十分往開納路訪李文彬，繼赴天源與韻九、光輝等晤談至十二時卅分赴蜀腴，應虞順懋、田安邦邀午餐。餐畢到市購物至十六時十分返宅。十七時卅分姜鐵心來見，繼毛德清來見。十九時與沛茗之女趙棣華、陶一珊等人於凱歌歸上海酒樓至廿一時四十分返宅。廿二時二十分偕芬赴北車站搭夜臥車赴京。到站送行者有田治伏夫婦、李岳陽夫婦、傅啟壽夫婦。廿二時半開車。

六月八日、星期二、晴、90°、民國三十七年

一、由滬返京接見吳仕清等

二、到中央入浴，蜀味腴晚餐，住黃宅

七時十分車抵下關，即搭乘江一平車（白色吉普運行李）入城到本宅。旋吳總經理仕溪來見，繼譚叔愚、江餘生來見。十二時廿分劉愷鐘來見，繼赴墨三處午餐，餐畢敘談徐州方面人事至十四時返宅。十五時張元濱來見，繼劉雲騰、張星柄來見。十六時劉師尚來見，繼偕到中央旅社入浴，浴畢到贛社街黃宅，後到蜀腴酒樓晚餐，為師尚會帳。餐畢到中央飯店休息至廿一時卅分到黃宅。朱棠、郭大榮來見，並介紹姚輔仁來見。

六月九日、星期三、晴雨、88°、民國三十七年

一、接見韓駿傑、陳傳興、段紹浩等

二、應王玉孫夫婦邀到大集成晚餐

八時卅分周英、汪蘭生、黃桂茸到黃宅來見，繼何佛清、時君謀來見

九時卅分偕芬赴文佩里六號，旋韓主席駿傑[42]、岐千來見

十時卅分陳傳興偕段紹浩來見

[42] 韓俊傑（一八九四—一九七六），祖籍河北昌黎，出生東北吉林。早年畢業於吉林法政專門學堂，抗戰勝利後曾任黑龍江省主席，一九四七年任國民政府主席東北行轅政務委員會委員。

十三時鐵香偕蓮枝來見
十四時卅分仍到黃宅，繼師尚來見
十八時偕芬到中央飯店理髮，後到王玉孫處休息，至十九時四十分偕師尚到夫子廟大星成，應玉孫夫婦邀晚餐，至廿二時返黃宅

六月十日、星期四、晴、81°、民國三十七年

一、接見黃貞倫、劉集挺、楊嘯天等
二、到明星戲院看平劇

九時由黃宅返文佩里本宅
九時半黃貞綸來見繼師尚到宅
十時龔亦遂來見，繼豫魯皖邊區難民呼籲團團長劉集挺來見報告該方情況
十六時楊嘯天、范紹增來見
十七時兆孚來見繼兆棣來見

廿時偕芬及大愚等先到大同服裝公司視軍衣及印名片，繼到明星觀平劇。嘯天、紹增、一平等亦往觀，至廿三時五十分返黃宅

六月十一日、星期五、晴、陰雨、82°、民國三十七年

（本日為舊曆端午節）

一、接見拜節者及出拜節

二、請師尚、兆棣等在本宅午餐

九時陸心亙偕郘雨橋（碭山人）來見，（周英、黃桂茸、汪蘭生亦曾到）。九時卅分由黃宅遷回本宅居住，譚叔愚來見並同早餐。十時姜鐵心偕李文定來見（姜由滬帶手槍兩支來），繼郘子舉夫婦來拜節，南山、子傑來拜節。十一時半陳桂孫來見，繼師尚、兆楠、兆棣先後來即同午餐。十三時卅分偕師尚到志舟及李副總統等處拜節，至十六時返宅。

十六時十分桂孫來談，繼戴以道、丁韞玉來見，蓮枝及九僮來拜節

廿一時五十分吉星福來見。

六月十二日、星期六、晴、陰小雨、84°、民國三十七年

一、接見任夫、藝舟、孝光、鐘彬等
二、往訪萬老太太及何部長等

八時五十分劉次長任夫來見，繼毛德清由滬來見
九時卅分詹絜悟來見，繼謝仁釗來見
十時鍾彬、王章夫婦來見，繼劉藝舟夫婦、周孝光夫婦來見
十時卅分劉師尚來見，繼姜鐵心偕唐炳麟來見
十五時卅分王雨民來見
十六時偕芬往訪鐘太太、萬老太太、蕭忠家等處至十九時卅分返宅
廿時卅分往謁何敬公至廿二時返宅

上星期反省錄（六月六日至六月十二日）民國三十七年

一、亂世之民不如雞犬，目今到處烽火，物價暴漲，惟哀我小民謀生無術尚何能談到舒暢。無怪乎

壹年之五月端午節寂然如無其事耶？吁！

二、蝸居小室其熱如蒸，由此更可推想貧民之暑天生活。

本星期預定工作課目

一、覲見總統辭別

二、偕顧總長到徐州就徐州剿匪總司令職

三、召見本部室長、副處長、科長等

四、參加軍校廿四周年紀念會及七軍訓班開學典禮

五、接見本部直屬各單位主管

六、對本部各單位點名訓話

七、由徐乘機視察戰況後到鄭

六月十三日、星期日、雨、民國三十七年

一、接見楊益泉等及到李潤生處晚餐

二、分謁孫科、于右任等及覲見總統

八時卅分接見河南國代及主委楊益泉、張叔如等。九時卅分偕愷鐘分謁孫科、于右任、薛岳、沈怡[43]等。於十二時卅分到墨三處與陳希曾及墨三家人共同午餐，至十四時卅分返宅。十五時偕仁釗往訪周至柔、余漢謀[44]到十六時卅分返宅。十七時卅分赴總統官邸覲見請行至十九時二十分返宅。繼偕芬到李潤生處晚餐至廿一時廿分返宅。廿一時卅分往謁何部長辭行並到墨三處辭行。

六月十四日、星期一（上弦）、晴、徐州、民國三十七年

到徐就任徐州剿匪總司令職。

八時鐵心、南山、仁釗、師尚等均到寓送行至九時赴明故宮空運機場，至九時卅五分起飛。到場送行在有錢企裴、林蔚[45]及芬、鐵心等。同機有墨三、李樹正[46]、郭一予[47]、張志威、郭放、張興愚、周英及墨三隨從等共十餘人至十時五十分抵徐，仰之（馮治安）及各主要軍官到場歡迎，於驅車到總部至

43 沈怡（一九〇一－一九八〇），浙江嘉興人。時任南京特別市市長。
44 余漢謀（一八九六－一九八一），廣東高要人。時任陸軍總司令。
45 林蔚（一八八九－一九五五），浙江黃岩人。時任參謀部參謀次長。
46 李樹正（一九一四－一九九一），甘肅白銀人。軍校七期畢業，時任徐州剿總參謀長。
47 郭一予（一九〇四－一九八二），湖南瀏陽人，黃埔一期畢業。時任徐州剿總辦公廳中將主任。一九四九年底被俘，一九七五年「特赦」。

十四時在大禮堂舉行交接儀式，對本部全體官佐到任，各界代表董清悟等廿餘人歡送歡迎攝影及接印。十七時半送墨三乘原機返京。十九時到地圖室主持作戰會報至廿一時畢。

六月十五日、星期二、晴、民國三十七年

一、召見本部各處主任各副處長科長等

二、接見吳士恩、夏劍塵、馮治安[48]等

九時至十二時召見本部處長吳劍稽、譚納、章毓金、陳可、吳一舟、鄧良生、劉旦輝等，其間並接見馮治安、張緒泯、胡南群、李瑞萱等，並接見吾谷、建凱等

十五時廿分接見吳士恩、夏劍塵兩副局長、青德馨處長及葉金饒、張丕聲等，繼接見本部各副處長科長等。

十九時到地圖室主持作戰會報至廿時廿分畢

48 馮治安（一八九六—一九五四），河北故城人。時任徐州剿總副總司令。

六月十六日、星期三、晴、民國三十七年

一、參加軍校廿四周年校慶紀念會
二、參加七軍訓班開學典禮及主持本部部內會報

八時五十分開封城防司令部秘書曲鍾麟代表田長鎮南來致敬
九時赴中山堂參加軍校廿四周年校慶紀念會，並致詞於攝影後赴九里山參加軍校第七軍官訓練班開學典禮並致詞，於攝影後返部時已十二時卅分
十三時半陳應瑞，繼未歇腳接見劉永焜，至十四時主持本部第一次部務會報至十五時四十分散會
十五時五十分接見張權
十九時舉行作戰會議
貢齋偕志華本晨到徐，邀其共晚餐

六月十七日、星期四、晴、民國三十七年

一、接見各直屬單位主管官及余錦源等

二、邀黃伯韜、李覺[49]等共晚餐

八時半魯南師管區副長張觀群來見，繼邵行、蕭佐、熊耀東先後來見。九時半接見各直屬單位主官王介岩、朱嶽、沈萬千、劉健偉、夏永耀、張錫榮、金振偉、張希道等，至十二時畢。

十六時朱永寶來見，繼傳慎謙來見

十七時余錦源來見

十九時主持作戰會報至廿時卅分畢

二十一時邀余錦源、李覺、黃伯韜、朱永寶、謝錚到部晚餐，餐畢暢談至廿四時始散。

（號煥然黃伯韜為第七兵團）

六月十八日、星期五、晴、民國三十七年

一、接見潘國屏、張廣勳等

二、對本部各單位點名訓話

49 李覺（一八九八—一九八七），湖南長沙人。時任總統府中將參軍。

九時接見潘國屏及張廣勳
九時卅分對本部第一、二、三、四處官佐一百八十四員點名訓話至十時十分畢。
十一時接見師建勳及張俊
十六時對總務、聯秘、政工、軍法等處及政工督導團、政工大隊、軍樂隊等官佐二百三十九員點名訓話，至十六時五十分畢
十八時接見陸總部警衛團長顧振武
十九時主持作戰會報至廿時十分畢，廿一時卅分接見譚高參輔烈

六月十九日、星期六、晴、鄭州、民國三十七年

由徐乘機視察作戰況後抵鄭
九時十分由徐乘322號運輸飛機，隨行者有吳一舟、譚輔烈、周英、張志成等，到開封上空視察戰況與劉書霖接頭，盤旋約廿分鐘於十時四十分到鄭，德操（孫震）、元良等到場歡迎，與德操同車到指揮部於十一時召集作戰會報，十五時接見團長以上各部隊長，繼接見地方官紳。七時又主持作戰會報至八時卅分畢後赴專署參加幹部所各機關首長歡宴，至廿一時半到宏廬宿。廿三時孫德操來見報告指揮部情形。

上星期反省錄（六月十三日至六月十九日）民國三十七年

一、閒久之人如無籠頭之馬，一旦重操舊業如空馬又上籠頭，殊覺多有不便有受拘束之苦，甚至穿軍服行軍禮說軍語都不自然，等於已曠課學生重溫舊課只有溫故而知新可矣。

二、責任心重者不將事做好常若有所失。

本星期預定工作課目

一、接見鄭州民眾代表

二、與顧總長等商援汴方略

三、由鄭州飛返徐州。在鄭傳見各軍部各處長副處長等

四、傳見本部高參、參謀及部長等

五、主持本部部務會報及作戰會報

六、參加政工人員互助會徐州分會成立大會

七、參觀裝一團戰車性能表演及戰團演習

八、主持陸空聯絡班第六期畢業典禮

九、檢閱徐州警察保安隊及民眾自衛總隊

十、檢查本部內務

六月二十日、星期日、晴、民國三十七年

一、接見鄭州民眾代表
二、與顧總長等商援汴方略

八時卅分羅組長奇[50]及李組長正先來見，商談調兵增援開封事。九時接見鄭州民眾代表孔新三、馮筱定、尚淮幹、周荷亭、李鴻萬、羅運隆等廿餘人，為援救汴垣事聲淚俱下，到於跪求當予安慰而去。九時半到指揮部與德操等商談軍事及赴機場歡迎顧總長到部，召集各將領舉行會報決定援汴部隊方略，至十七時同顧總長往視雲濤病後送其赴機場起飛返京，仍回宏廬休息。十九時接見魏仁甫及其妻，廿三時孫德操來談商一切。

六月二十一日、星期一（望）（夏至）、晴、徐州、民國三十七年

一、在鄭召集指揮部處長、副處長等談話

50 羅奇（一九〇四－一九七五），廣西容縣人，黃埔一期畢業。時任國民政府特派戰地視察組第四組組長。

二、由鄭飛返徐州

八時在鄭州指揮部召集該部處長、副處長及辦公室主任等分別詢問並予以訓示，至九時赴飛機場於九時卅分起飛返徐。隨行（搭乘322號運輸機）有譚輔烈、李正先等人。曾在開封上空盤旋視察及在唐縣附近與沈澄年、邱清泉談話催其速進，至十一時五十分降徐，有唐志華、陳建凱等來迎，即返部辦公。

十九時主持作戰會報，廿一時卅分蔣緯國夫婦偕張廣勳來見，暢談甚快。

六月二十二日、星期二、晴、民國三十七年

一、接見潘宇烈、趙復漢、馬載文等

二、往訪李正先、譚為公等

九時接見黃再興，繼接見晏潤芝、潘宇烈（七視察組視察官）

十時接見徐警任長趙復漢。聞開封已於本午失守，甚痛。

十七時余到補給區招待所訪李組長正先，後偕往到花園飯店一視並到瓊興公司晤為公，至十八時返部。

十八時十分接見馬載文，繼接見閻主任建侯（國防部派來之編制考查組主任）

十九時主持作戰會報，繼與黃長官伯韜談，並邀伯韜、建侯、劉奇之組員二人到部晚餐，餐畢略談至廿二時散。

六月二十三日、星期三、日雲、民國三十七年

一、傳見本部高參、諮議及部員等

二、主持本部部務會報及作戰會報

九時至十時傳見本部高參、諮議林象盛、盛漢愜、左叔達、張醴泉、郭亙、吳志魯、史正榮、蔡沂七員並接見N218副總長盧兆雄（李正先偕來）、聯絡員蔣和中、吉林保二旅長何恃氣等

十一時四十分整83D秘書尹欽衡來見

十五時四十分楊主任正治來見，繼彭佳瑞、胡澤生來見

十六時十分主持本部部務會報

十九時廿分主持本部作戰會議

（開封於本午被匪攻陷，痛哉）

六月二十四日、星期四、陰、民國三十七年

一、參加政工人員互助會徐州分會成立大會
二、接見朱鼎卿、劉永焜及邀宋健人、張澤深晚餐

八時四十分赴中山堂參加政工人員互助會徐州分會成立大會，並致詞至十時返部。
十時廿分接見朱惕
十一時四十分接見胡子薦，先是於十時五十分接見朱長鼎卿、劉副長永焜
十九時主持作戰會報
廿一時邀63師宋參謀長健人及該師張旅長澤深同進晚餐。
據報由汴逃出難民學生甚多，已令吳旅長一舟優予招待。

六月二十五日、星期五、陰小雨、民國三十七年

一、參觀裝一團戰車性能表演及戰鬥演習
二、主持陸空聯絡班畢業典禮

九時張執東、祝文輝三綏區監察官來見

九時十分李正先偕蔣緯國來見，繼偕赴後山附近參觀戰車性能演習及步、炮、戰聯合演習，並到舊黃河岸參觀水陸攻擊兩用裝運車及水陸兩用指揮車表演至十時返部

十五時十分一舟偕陳奇秀來見

十九時卅分赴裝甲兵學校主持陸空聯絡班第六期畢業典禮點名訓話至廿時卅分畢，乃赴江蘇學院慰問河大學生並對講話至廿一時十分返部，邀邱師長維達，江參謀長崇林、朱司令鼎卿、劉副司令永焜共同晚餐至廿二時散

廿二時十分到大禮堂觀廿五師正氣劇團及徐社表演平劇至廿四時畢返，由軍醫官診牙

（下午劉繼同來見據報書霖已到開封）

六月二十六日、星期六、晴、84°、民國三十七年

一、偕張部長李組長檢閱徐市民眾自衛總隊

二、檢查本部內務及接見姚從吾等

九時李組長正先偕張市長希道同到部，邀赴體育場檢閱徐市警察保安隊、民眾自衛隊及自衛常備隊計參加人數為二〇八〇人，舉行閱兵分行式，余致訓詞至十時返部。先是接見韓行紈總教官、楊維泉。十時十分由本部總值日官仲偉成、總務處科長陳建凱陪同檢查各單位內務及視察各單位情形。

十九時主持作戰會報。

廿一時河大校長姚從吾來見，同時張廣勳偕劉長捷（書霖之侄）宋塵英（書霖之副官）來見，已定總務處招待好校長住招待所。

廿二時半參觀政工處演出之「十三年」話劇於本部禮堂

廿三時廿分東發、曉之、晏復棠

（本午我軍收復開封）

上星期反省錄（六月二十日至六月二十六日）

一、事變之來有出人意料者，如開封以短時間為匪攻陷，損失之大難以數計，豈不痛哉。

二、熱心而活潑其姿態乃能昂首跳躍，若垂頭而行全身如無力者，其不能有為何待蓍龜，觀人於微要在此等處。

本星期預定工作課目

一、視察徐州城防工事

二、主持作戰會報

三、主持本部第三次部務會報

四、飛臨豫東上空督戰及到鄭汴

六月二十七日、星期日、晴、89°、民國三十七年

一、視察徐州城防工事

二、邀崔廣林、王平一、宋自新等晚餐

八時四十分余率工一團周團長价、工20陳副團長駿鳴及本部三科長張偉、工指部科長劉偉華及李參謀守恆等，視察徐州城防工事（北關汽油庫）據點、隴海路哨口、第四哨及法幢寺擂上方，到十時返部。

十六時接見祝步唐、宋振渠、朱承略、孫荇霞，繼接見席桂荃、王子榮、崔廣林、萬象春、張醴泉等。

十九時主持作戰會報。

廿時卅分邀崔廣林、王平一、宋自新、陳宗、劉秀峯等在部晚餐、吳一舟作陪至廿一時十分散。
廿一時卅分到本部總務處及國民銀行。
廿二時志華偕東發、曉之、復業等來見。

六月二十八日、星期一、晴、88°、民國三十七年

一、視察雲龍山及大小吳莊工事
二、主持作戰會報及接見孫良誠、馮治安等

八時廿分率張科長綽、劉科長偉華、陳副團長駿鳴、李參謀守桓視察雲龍山東麓及大小吳莊工事。在其間曾訪劉子桓於雲龍山招待所，十二時邀孫師長良誠、王專員洪甬午餐。十四時接見凌士英，繼接見袁寶乾、楊乃寒兩科長詢悉開封情形。十五時彭雄來見，繼汪旅長安瀾、孫司令鳴玉來見。十九時主持本部作戰會報後邀李亞光、孫鳴玉在部晚餐，由楚箴招待。余到寶興公司宴劉子恒、田治伏、彭東發、朱益卿、孫文燦、譚輔烈、楊樹誠、李曉之、晏復棠等至廿一時五十分畢。廿二時馮治安來見談徐州防務事。

六月二十九日、星期二（下弦）、晴、民國三十七年

一、到豫東上空督戰並到鄭州及赴開封視察
二、在鄭與德操、子亮、書霖談商一切

九時由徐乘機赴豫東上空督戰，與邱清泉通話促其東進夾攻頑匪，至十一時降落鄭州機場，德操、書霖在機場歡迎。旋子亮亦到，會談到十五時偕德操、子亮、書霖等同乘機赴開封，於十五時廿分降落開封機場，六八師長劉汝珍、參謀長杜久中、旅長葛開偉、閻尚堯、張幼亭均到機場歡迎。到河南省銀行休息後赴龍亭致祭李師長健章及到各處巡視，至十八時登機於十九時十分降落徐機場返。

六月三十日、星期三、晴、民國三十七年

（夜有閃電風雷）
一、視察徐州白雲山及子房山工事
二、到豫東上空巡視及督戰

九時率工兵指揮部劉科長、工一團周團長、工廿團陳副團長、第三處吳科長及李參謀等視察白雲山及子房山工事。十三時半赴公園西巷訪馮治安談話約二十分。擬訪孫良誠，但據報已外出，故修持名片致意，未往訪。廿時與章副參謀長毓金等乘295號C47型飛機到豫東上空巡視，並與邱軍長通話促其努力東攻，十一時返抵徐州機場。

上月反省錄（六月份）民國三十七年

秋季課程表

一、陌生之地一切隔膜，人處此環境中如初入學之兒童，其不自然可想而知，然而有堅忍性者可泰然處之，久之其困難自能克服，即平日之輕視我者亦且觀我之作法而斷然就範了。知堅且為，人之最不可少者，人與人之間必有情愫可通無。

二、年老體衰自不能無缺點流露，若能隨時檢點遇事振作，雖不能說可以趕上青年然亦可免龍鍾之譏，何能列於鬪士之林。古人云老當益壯，願為自勉。

一、研究情報

二、總體戰運用之研討

三、研究史地
四、瀏覽各種雜誌尤注重軍事雜誌之瀏覽
五、有暇學習英文及中國文學
六、不斷練習室內健身運動

一九四八年七月

本月大事預定表（七月份）民國三十七年

一、乘機往來鄭汴及到濟南在空中督戰及視察
二、主持本部作戰會報及部務會報參加本部晚會
三、視察徐州工事
四、主持本部週會宣布杜副總及劉秘書長到職
五、對本部警衛團官長點名官兵訓話
六、主持「七・七」抗戰紀念會
七、招待記者談話會、空軍茶舞會
八、應旅徐江西同鄉會之歡迎會
九、對本部直屬部隊官長點名訓話
十、對第三綏區官長點名訓話

十一、招待豫省參議員及魯省專員、縣長及宴空軍軍官
十二、對尉官收訓隊訓話（官長點名）
十三、對士兵補訓隊訓話
十四、到市府專署警部等處視察

七月一日、星期四、晴、92°、民國三十七年

一、接見田治伏、朱賡�院等
二、偕杜聿明等乘機到鄭汴

八時治伏來辭行並同早餐，又接見陳傳興。九時卅分朱賡颺來見，對各策反部隊之使用有所建議。杜聿明經總統核定為本部副總長，於十一時四十分由京乘機到徐。

十二時廿分邀朱賡颺、胡毓瑞（豫災區撫慰團副團長）及杜聿明等共同午餐。

十二時卅分曹處長永湘攜總統命令到徐，商談後於十五時四十分偕杜聿明、曹永湘、章毓金、侯志成、李守桓、鍾馨等自徐州機場起飛視察豫東戰況後赴鄭汴，對孫、劉傳達總統命令及指示機宜，至夜一時返徐。

七月二日、星期五、晴、陰、95°、民國三十七年

一、接見姜煦初、李國幹等
二、主持作戰會報及迎侯總統

九時五十分姜煦初、李國幹、瞿福祺來見。十時卅分新任第一補給區長劉承焜來見。十四時半命杜光亭（杜聿明）由徐乘專機飛汴，並在豫東上空督戰。十五時半總統由空中督戰後過徐降落，余率章副參謀長毓金到機場面聆機宜，於十八時廿五分起飛返京。光亭於廿一時卅分返部，將視察及到汴情形用電話報告總統。

七月三日、星期六、陰雨、86°、民國三十七年

一、接見秦亦文、胡毓瑞、馮子固等
二、主持作戰會報及觀晚會電影

十時王軼凡由南昌來見。十時五十分蘇九區專員馮子固來見，繼佘長心、趙復漢來見。十一時十五

分豫災撫慰團秦亦文、胡毓瑞、宋自新來見。十六時十分熊副總長兆熊為赴前方收容新廿一旅事來見。十九時主持本部作戰會議後邀鄧副長志堅（空軍四軍區），蔣團長緯國晚餐至廿二時十分散。廿二時卅分參加本部晚會映「龍鳳呈祥」到廿四時畢。

上星期反省錄（六月二十七日至七月三日）民國三十七年

一、兵兇器戰危事，而其決戰之際，其機在幾微之間，苟不協調為防於危。古人云師克在和，此和字即彼此能協調之意，而可遠到成功者也，豈可忽視哉。

二、為事業成功之前途計，深仇亦可化為無仇，敵人亦能變成朋友，蓋明乎國家為大，個人為輕之理也。

本星期預定工作課目

一、視察徐州飛機場外圍工事

二、接見徐州銀行界代表

三、主持本部週會介紹杜副總長及劉秘書長子清[51]到職
四、對警衛團官兵訓話並對官長點名
五、主持「七・七」抗戰紀念會
六、乘機到兗州上空視察及到濟南
七、招待徐州新聞記者
八、招待空軍茶舞會

七月四日、星期日、晴、86°、民國三十七年

一、視察徐州機場外圍
二、接見徐州銀行界代表祝步唐等

八時卅分接見徐清臣（年九十歲，徐紅十字會會長）。九時率工兵劉科長、周團長等往視飛機場保衛工事，至十一時返部。張光庭於十一時乘機到鄭、汴至廿一時偕紹文及王參軍烈來見。十六時徐州市

51 劉子清（一九〇四－二〇〇二），江西樂平人，黃埔二期。就任前任國民黨中央訓練團政工班主任兼國防部九江指揮部政工處處長。

張市長希道陪同本市銀行界代表祝步唐、孫霞蔚等十五人來致敬並獻慰勞品，由張市長致詞余答詞至十六時卅分離去。十六時卅分裝甲兵學校長胡獻群來見。十九時主持作戰會報，十九時半新任本部秘書長劉子清由京到徐。

七月五日、星期一、晴、87°、民國三十七年

一、主持本部週會介紹杜、劉到職
二、宴紹文、仰之、文田、希文等

七時十分沈立人偕彭信仁來見，繼陳楣先、鄒毓華來見。八時五十分黃紹沂來見。九時本部舉行週會由余主持，並介紹光亭、子清到職。繼由左副處長偕東報告總體戰，至十時卅分散會。十時四十分二兵團參謀長梁棟新來見。十七時到馮公館訪晤秦次長紹文。十九時主持作戰會報，廿一時宴紹文、仰之（馮治安）、文田、希文等，光亭、樹正、一予等作陪至廿二時卅分。

七月六日、星期二、晴、87°、民國三十七年

一、奉總統電話、派光亭到前方指揮

二、接待到汴勘災者之谷正綱一行

七時奉總統電話派光亭（杜聿明）指揮劉（汝明）兵團、邱（清泉），黃（伯韜）兵團全權處理等因[52]，當轉飭。於九時卅分乘機飛汴執行職務。九時卅分接見蕭縣長、李立達。九時五十分接見新廿一旅副旅長徐有成。十九時主持作戰會報。廿時卅分谷正綱[53]、楊一峯、馮萬平、馬庭松、許超自鄭飛徐來見，彼等係自京到汴勘災者一行共十六人，均由本部招待膳宿。

七月七日、星期三、上午晴、91°、下午陰雨、86°、民國三十七年

一、對警衛團官兵訓話及主持「七・七」抗戰紀念會

二、匪在豫東總崩潰我軍正追殲

52 當時黃維兵團直接由蔣介石指揮，徐州劉總司令澈底被架空。

53 谷正綱（一九〇二－一九九三），字叔常，貴州安順人。時任行政院政務委員兼社會部部長。

七時谷叔常來見，繼留一峰、庭松等在部早餐。七時十分集會本部警衛團官兵對官長點名，官兵訓話至八時畢。即叔常、伯英、庭松等一行十八人換火車返京。九時主持「七‧七」抗戰十一周年紀念並致詞。十時五十分陳紹平見，繼于敏來見。十一時五十分馮仰之率領一行高級將領王長海、孟紹濂及張吉庸等十二人到部領訓並共進午餐，知豫東頑匪總崩潰得到空前勝利均大喜。十六時十分接見王正、宗迪璽、少將部長錢渠新、徐州軍人監獄長，繼接見胡金台（由汴來）。十九時主持作戰會報。

七月八日（星期四）、上午雨、82°、下午晴、86°、民國三十七年

一、接見尹皓月、蔣緯國、卿雲燦等

二、邀張彝鼎、周靈光等晚餐

八時國防部高參尹皓月來見並共進早餐。九時五十分偕志華到中山路興仁巷六號視住宅及並到陸軍俱樂部一視。蔣團長緯國來見（十二時廿分）並邀同午餐。十五時十分45師參謀長卿雲燦來見。十九時主持作戰會報，二十時四十分接見政工局張副局長彝鼎、周副處長靈光、羅科長映旭並邀卿雲燦一同晚餐。二十二時十分胡獻燦來見，繼新任總務處長胡佛來見。

七月九日、星期五、晴、88°、民國三十七年

一、乘軍機視察兗州並到濟南
二、接見劉鎮湘並邀同晚餐

八時廿分由徐乘C47型288號軍機同行者子清、印靈、毓金等，起飛到兗州上空視察，投通信袋及散發傳單後於九時四十分到達濟南機場，王佐民（王耀武）[54]及裴議長鳴宇到機場歡迎往二路第二綏區及幕僚舉行作戰會報，決定部隊行動。十三時卅分接見濟南市新聞記者范式之等五人，略與談話。十四時去第二綏區分部禮堂集合該部上尉以上訓話，至十四時五十分畢，到趵突泉及省府參觀宋後業及玉孔泉。參觀省府後到飛機場，於十五時四十分乘原機飛至十六時五十分降落徐州機場後返部。

十九時主持本部部內會報

廿時廿五分接見劉錫鎮等並邀同晚餐

[54] 王耀武（一九〇三－一九六八），字佐民，山東泰安人，黃埔第三期畢業。時任第二綏區中將司令兼山東省主席，一九四八年九月在濟南戰役中被俘。

七月十日、星期六、晴、93°、民國三十七年

一、接見劉參、黃徵豐、李吉甫等
二、招待新聞記者及招待空軍茶舞會

九時接見政工督導團副團長劉參、九海區政工處長黃徵豐及李吉甫。九時四十分接見軍聞社徐州主任張兆華，繼接見邱坦然處部第一運輸處長趙錫田、趙克非（鐵甲列車第二總隊長）。十六時偕劉秘書長子清、章副參謀長毓金、郭主任一予、吳處長一舟等招待徐州新聞記者，共到張兆華等十八人。余致詞與問答後先退。廿一時本部假空軍俱樂部舉行茶舞會招待空軍將校，余偕李參謀長於廿二時前往主持，至廿四時返部。

上星期反省錄（七月四日至七月十日）民國三十七年

一、奉命來徐即逢實戰，幸能轉敗為勝獲得豫東大捷之美名，然我部損傷太大，了謂所得不償失，況敗匪雖已分竄而戰鬥力並為未完全消失，魯中蘇北匪猖獗更甚於前，苟不變換久策依舊葫蘆，必有難於彌補之一日，瞻念前途實難樂觀。

本星期預定工作課目

一、乘機督剿逃魯西殘匪
二、應旅徐江西同鄉會歡迎會
三、赴徐陸軍總醫院慰勞負傷官兵
四、主持部務會報及每日作戰會報
五、對本部直屬部隊上尉以上點名訓話
六、對第三綏靖區上尉以上官佐訓話(少校以上點名)
七、邀宴廿五師上校以上軍官

七月十一日、星期日、晴、94°、民國三十七年

一、由徐乘機到魯西督剿殘匪及到鄭州
二、應江西同鄉會歡迎會及李吉甫晚宴

八時偕章副參謀長毓金、李參謀守桓等赴機場聽取空軍報告戰況，後於八時四十五分乘33軍機自徐起飛到定陶以南上空與邱清泉通話，並將手諭空投該部後即到方城南曹莊一帶上空先與125旅長陳彌通

話，詢悉該方情形，繼與孫軍長元良通話，促其速向東明追擊，並將手諭投擲後即飛鄭州降落，與德操等商定派兵到長垣截匪事。後於十七時廿分自鄭起飛於十九時廿分抵徐，即赴新之西餐館應江西同鄉之歡迎會畢，後赴李吉甫（李延年）之晚宴至廿二時返部，晤東發夫婦、楊樹誠等。

七月十二日、星期一、晴、90°、民國三十七年

一、偕一予、印靈、永焜、赴徐州總醫院慰問負傷官兵
二、請鄧文儀等午餐、參加同人賀宴

九時廿分余偕一予、印靈、永焜赴徐州陸軍總醫院慰勞豫東戰役負傷官兵並發慰勞品，至十時四十分返部。十二時卅分邀鄧局長文儀[55]、張副局長彝鼎、牛立委踐初、鍾處林等午餐。十七時李台榮來見，繼第二快速維修隊張局長緒能及張主任兆華偕紐約泰晤士報記者江瑞熙來見。十七時主持作戰會報後到興仁里六號參加總務處所設晚宴，子輩為余祝壽未能免假也。廿三時李世超、郭單先由京來見。九時胡攘亞、歐陽彬、于城、韓恕唐來見。

[55] 鄧文儀（一九〇五－一九九八），湖南醴陵人，黃埔第一期畢業。時任國防部政工局局長兼新聞發言人。

七月十三日、星期二（上弦）、晴、92°、民國三十七年

一、接見孫靖時、童玉振、吳冠周等
二、應樹正、子清、一予及樹誠、東發邀晚餐

八時卅分孫靖時由北平來見，繼魏柏民、吳冠周、梁惕吾等來見。十時童玉振來見，繼李正先偕李良榮及劉樹善來見。十二時卅分邀李良榮、李正先共同午餐（本日下午六時李玉堂率被圍在兗州之霍守義突圍）。十八時五十分金振偉來見。十九時主持作戰會報。廿時三十分樹正、子清、一予於興仁里六號邀余晚餐含祝壽之意，至廿一時三十分至寶興公司應樹誠、東發之邀晚餐至廿三時返部。

七月十四日、星期三、雨、82°、民國三十七年

一、接見李雲波、賀贇、鍾主任等
二、主持部務會報及作戰會報

八時十分李長官雲波、賀副師長贇、鐘副主任桂南、廖副參謀若谷等來見，繼馬國超來見。十六時

主持本部第四次部務會報。十八時譚處長訥來見報告視察策反部隊情形及整理意見，繼吳處長劍稽來見報告準備明晨召集直屬部隊上尉以上點名訓話情形。十九時主持本部作戰會報（我84師161旅被匪包圍大汶口太平鎮附近）

七月十五日、星期四、陰雨、82°、民國三十七年

一、對本部直屬部隊上尉以上點名及訓話

二、接見劉德遠、徐魁榮等

七時五十分李雲波來見。八時十分召集本部直屬部隊上尉以上官佐點名訓話，計警一團、憲27團、工1、20、28團、通信兵2、8團、炮4、13、迫砲13團、高炮2團、裝甲砲兵團、戰車一團、鐵道兵一團、鐵甲列車二總隊計官佐五五五五員，至十時畢。十時五十分接見劉德遠、徐魁榮，十二時邀趙參謀長錫田同進午餐。十九時主持本部作戰會報。廿一時譚輔烈來見，廿一時卅分潘國屏來見辭行。

七月十六日、星期五、晴、90°、民國三十七年

一、迎芬由南京乘機到徐

二、接見周鑫、陳國思、陳琬等

八時四十五分偕子清、一予、印靈赴機場先到指揮室詢問匪情，繼到空運大隊部坐待至十時一刻南京機到，即往迎芬及鄖兒下機到興仁里六號私邸休息。十一時卅分工二團長兼工兵指揮官周鑫來見請訓。十六時十五分接見陳國思（中正大學畢業），繼接見徐光漢、胡正濟、劉建偉。十七時接見陳琬（政工局少將專員）。十九時主持作戰會議。

七月十七日、星期六、晴、90°、民國三十七年

一、對第三綏區所屬上尉以上訓話

二、邀廿五師上校以上在部午餐

九時接見魯十一區保安副長劉衍智，繼接見胡獻群[56]、胡獻璨。九時五十分集合第三綏區所屬上尉以上官佐在中山堂訓話（對少校以上點名），計到四六三員，到十一時畢。十二時卅分邀請250顧副師長宏揚、李參謀長志超、陳旅長士章、曾副旅長正我、胡參謀長承恩、白團長福綏、劉團長德袒、陶副旅長光炘午餐。李參謀長樹正住院。十七時馮仰之來見，繼蕭佐來見。十九時主持本部作戰會報。廿時邀胡獻群、獻璨在部晚餐。廿一時李玉堂由兗突圍來見。

上星期反省錄（七月十一日至七月十七日）民國三十七年

一、豫東捷後本可乘勝收得赫赫戰果，以救援兗州之師未能如時到達及十八軍未到預定之太康以北區域，致使兗州不守魯中匪焰益熾，而殘匪復可由魯西竄入黃泛區殊為可惜。事之難如意者如此，以是知今後作戰之不易也。

二、堅定、迅速、準備充足為作戰致勝之基礎，其可忽乎哉。

56 胡獻群（一九〇六－一九六六），江西南昌人，中央軍校第六期交通科畢業並曾留學英國。時任陸軍總司令部第五署署長。

本星期預定工作課目

一、主持本部部務會報、作戰會報及週會
二、宴河南省參議員及魯省專員縣長
三、宴空軍高級人員
四、參觀本部晚會

七月十八日、星期日、晴、87°、民國三十七年

一、接見李萬里、金定洲、方先覺[57]
二、主持作戰會報

十一時廿分李萬里由滬來見，十七時十分45師212旅長金定洲來見。十九時主持本部作戰會報。廿一時十五分方先覺由南京來見，廿一時四十分與南京顧總長通電話，商討今後華中軍事部署及軍隊整體事宜。

57 方先覺（一九〇五－一九八三），江蘇蕭縣人，黃埔三期。時任第八八軍軍長。

七月十九日、星期一、晴、87°、民國三十七年

一、主持本部周會

二、邀河南參議員等午餐，方先覺等晚餐

八時四十分李玉堂來見，繼蔡沂來見。九時主持本部週會由劉秘書長子清報告至九時五十分散會。十時栗鴻、文丁、原靜、徐州電廠長章劍鋒邀軍記者來見，繼陳紹平、王湘來見。十六時十分宋高參迪璽偕于旅長一凡來見，十二時卅分邀到徐之河南省參議員牛拱辰及國大代表孟紹勤、科長信仲陽等廿人午餐，劉子清作陪至十三時卅分散。十九時主持本部作戰會報。廿時邀方先覺、金定洲、于一凡、宋迪璽共進晚餐。

七月二十日、星期二、大雨、79°、民國三十七年

一、接見蘇北代表張為群、張聖伯

二、邀鍾彬、陳紹平、王湘午餐

晨三時起大雨傾盆連綿竟是十六時方止，為暑期前者未有之現象，蓋北方雨季即當從此開始矣。十時十分蘇北民眾代表張為鼎、張聖伯（均南通人）來見暢陳蘇北為匪蹂躪現況。十一時卅分鐘處長彬來見並留午餐，及邀陳指揮官紹平、王副指揮官湘共進午餐，坦談一切。十九時主持作戰會報。廿一時在寓召見汪課長蘭生有所指示。隴海路黃口—碭山被匪破壞之鐵路26局未能修復，而津浦路曹村—符離集於本晨亦被匪破壞，可恨土共。

七月二十一日、星期三、上午陰、下午晴、82°、民國三十七年

一、接見顧蓉、張春範、韓介白、于兆龍
二、主持本部部務會報及作戰會報

九時接見黨員通訊局駐徐特派員張春範，十時接見兗州國大代表韓介白。十二時邀李吉甫、譚為公及張市長希道共進午餐。十六時主持本部第五次部務會報。十九時十分接見45D師長于兆龍。十九時廿分主持本部作戰會報。廿時邀于師長兆龍共進晚餐。十五時五十分新兵總隊長顧蓉君來見。

七月二十二日、星期四、晴、87°、民國三十七年

一、接見朱興復、張霄鵬、周遊等

二、邀鄧志堅、王景長、朱伯亞、李礩等

九時五十分陳紹平來見報告三保志南匪情及鐵路破壞情形。十一時四十分滕縣長朱興復來見。十二時卅分為空軍鄧副長志堅餞行並邀王處長景長、朱大隊長伯亞、李大隊長礩及十綏區楊副長官漢城、蕭參謀長圭田同席，至十三時四十分散。十六時卅分點驗第二組長張霄鵬來見。十七時五十分空軍第四軍區參謀長徐燕祺偕李大隊長礩來見，繼周副署長遊、陳處長衍材、呂軍醫監學丞來見。十九時主持本部各會報。十六時在寓見陳傳興。

七月二十三日、星期五（大暑）、晴、下午大雨、86°、民國三十七年

一、接見史宗諤、陳珊及魯省各縣長

二、邀徐燕謀、劉雲楷等在部午餐

九時四十分接見史宗諤（伯翰介）、陳珊（蘇高汾院分院長）。十時廿分接見滕縣長朱興復、曲阜縣長王震宇、張陽縣長李正中、泗水縣長李仲倜詳詢魯中戰情。十二時邀徐參謀長燕謀、劉處長雲楷、殷科長聯珍、熊參謀學之、鄭參謀魁生等五人。十九時主持本部作戰會報。廿時十分在寓接見汪蘭生。廿一時十分在寓接見賴壽根。

七月二十四日、星期六、晴、下午雨、86°、民國三十七年

一、招待馮子固、張梓樹、朱興復等午餐
二、參觀本部舉行之晚會

九時胡獻璨來見，繼李延年來見。余患牙已月餘，幾逐日延曹季光醫官診治，十一時由曹醫官以橡皮補其缺陷處免每日診治也。十二時卅分招待馮專員子固、張專員梓材及李仲倜、朱興復、李正中、王震宇、房仲明、胡行健六縣長，由子清作陪。十九時主持作戰會報。八時卅分本部舉行晚會節目為大鼓墜子、相聲及美國卡通歌舞電影，余偕芬及樹正、一予、子清等往觀，至廿三時畢。

上星期反省錄（七月十八日至七月廿四日）民國三十七年

一、缺點為人人所難免，要在善於補救耳。
二、在各戰役所得之經驗，匪機動而能耐苦為我軍所不及，然在物質條件上仍不能與我爭衡，惜我不能發揮所長而予匪以可乘之機，損失之巨令人咋舌，殊可太息。

七月二十六日、星期一、陰雨、86°、民國三十七年

一、到西貨新村對尉官收訓隊訓話
二、接見陳柏庭、王翔九、譚心等

九時陳柏庭（十綏區二處長）來見。九時十分余率吳處長劍秋、胡處長佛及張秘書丕聲等赴西貨新村本部尉官收訓隊點名（對官佐）訓話，到官佐隊員三一六〇員，訓話後參觀西貨村所辦之幼稚園及中學，余對該幼稚園給糖菜費兩仟萬元，至十一時返部適逢大雨。十一時十分接見前暫24D第六旅長王翔九，十二時廿分邀章毓金、胡佛、仲偉成共進午餐。十六時四十五分接見72師參謀長譚心及該師軍需處主任胡佐繼。十九時主持作戰會報。

七月二十七日、星期二、陰雨、89°、民國三十七年

一、對士兵補訓隊官兵點名訓話

二、邀黃百韜、譚心[58]、吳迪基等午餐

九時十五分在本部門前空地集合士兵禮訓隊官兵點名（對官佐）訓話，實到官佐一〇四員士兵一五七五名。訓話之要點（1）繼續奮拼（2）認清共匪（3）嚴守紀律，至九時五十分畢。十時接見國防部部員吳迪基。十二時邀黃百韜、譚心、吳迪基、章毓金午餐，餐畢與樹正、百韜、毓金商談兵團編組至十五時畢。十五時四十五分黃紹沂等委聯秘書處副秘書主任戴堯天來見。十九時主持本部作戰會報。

七月二十八日、星期三、陰雨、86°、民國三十七年

一、接見孫良誠、廖蔚文、陳紹平等

二、主持部務會報及作戰會報

58 譚心（一九〇六－一九五一），四川威遠人，中央軍事政治學校第五期工兵科畢業。時任整編第七二師少將參謀長。

九時十分83師44旅參謀長毛鍛吾來見，繼夏春霆、前長江下游挺進軍四路指揮官張子明、（寧陽縣長）毛學離先後來見。十時廿分陳紹平來見，繼孫良誠、廖蔚文二綏區三處長先後來見。十二時主持本部第六次部務會報至十七時廿分散會。十八時十分陳傳興來見。十九時主持本部作戰會報。廿二時召汪竹坡到寓問詢公事。

（李延年派為本部副總長而將其2CD取消）

七月二十九日、星期四（下弦）、晴、88°、民國三十七年

一、接見李延年、于洛東、于一凡等

二、戰一團火牛劇團為余拍生活照片

九時十五分李副總長延年偕山東保安第一旅長于洛東（軍校一期生）來見。十二時邀李延年、于洛東、吳劍秋、譚納共進午餐。十六時廿分戰一團火牛劇團派員為余拍攝生活照片。十八時四十五分宋迪璽偕于旅長一凡來見。十九時主持作戰會報。

七月三十日、星期五、陰、晴、89°、民國三十七年

一、接見蕭續武、張績武、高吉人、郭志謙等
二、與光亭、樹正、笠夫商重要軍事

十時五十分45師141旅長蕭續武由臨城來見。十二時邀蕭續武、陳雪亮、黎克諧、葉萱等共進午餐。十五時廿分杜光亭由馬牧集乘火車返徐。十六時廿分64D師長劉鎮湘處2EB總隊長張績武來見，繼李良榮、余錦源來見。十九時主持本部作戰會報。廿時邀余師長錦源共同晚餐。廿時卅分接見高師長吉人、郭旅長吉謙、陳副旅長輔漢。廿一時卅分召光亭、樹正、笠夫（章毓金）商組兵團及今後部署作戰意見。

七月三十一日、星期六、陰雨、88°、民國三十七年

一、接見楊蔭、吳仲直、高吉人等
二、參加本部晚會

九時五十分接見83師副師長楊蔭，繼接見周礐、吳仲直及趙鐵（政工督導組徐州組長）、陳子堅（一補區參謀長）。十二時邀同周礐、楊蔭、高吉人、郭吉謙（旅長）、陳輔漢（副旅長）共進午餐，餐畢商談一切。十六時呂敦毅來見。十九時主持本部作戰會報。廿一時四十分偕芬等參加本部晚會。廿三時三十分馮副參謀長岐吾（馮嶷）由漢到徐來見。

上月反省錄（七月份）民國三十七年

一、豫東匪以遏疲而退而我軍遂得以勝利收場，然此戰苦矣。一師長一旅長遭匪俘虜，一師一旅隨之消滅，從大損失中得到大捷可謂由苦回甘，而血的教訓不但可作吾人之慘痛紀念，亦可作吾人無限之回憶及反省。

二、匪之特技是以強吃弱以大吃小，剿匪指揮官無不知之。知之而猶屢陷覆轍不知改正者是何故。預吾人不覺悟不機警，此吾今所以失敗也。

一九四八年八月

本月大事預定表（八月份）民國三十七年

一、由徐飛京
二、在京出席國防部軍事檢討會議
三、在京參觀聯勤總部之兵器表演
四、在京宴請本轄區出席軍事檢討會議將領
五、由京飛漢口
六、在漢主持禱安董監聯席會議
七、由漢口飛鄭州
八、在鄭對駐鄭各部隊少校以上及對指揮部警衛團全體官佐點名訓話
九、在鄭對夏令營訓話

十、主持本部幹訓班點名訓話
十一、主持本部部務會報及作戰會報
十二、到整十二師點驗及訓話
十三、主持本部臨時軍政會議
十四、參加第三綏區綏靖會議致訓
十五、主持本部周會及訓話
十六、出席本部政工座談會致訓

上星期反省錄（七月二十六日至七月三十一日）民國三十七年

一、軍人之命運是在戰鬥間生死線上掙扎，勝則生敗則死絕無中間路線之可言，然而不幸因失敗竟不死而被俘則固極盡人間之恥辱，生不如死下苟能僥倖得以逃脫而歸，其於愧憤之餘真不知將何以報國立奇功於將來，曹沫之行可以效法矣。

二、軍隊之勝敗繫於士氣，故能振作士氣即為勝利之基礎。

本星期預定工作課目

一、由徐飛京
二、在京出席軍事檢討會議
三、在京晉謁總統及應總統、部長、總長及各總長等之宴會
四、參觀聯勤部之兵器表演
五、宴請本轄區出席會議將領

八月一日、星期日、晴、95°、南京、民國三十七年

一、由徐飛京往謁敬公、墨三、健公
二、接見張輩然、張雪中、黃迪棟等

八時偕芬由寓赴機場。八時卅分起飛，同行者有光亭、樹正、吉人、永焜、劍秋、吉謙、奉璋及隨從等共二十人，於九時卅五分降落南京明故宮機場，由印靈、鐵心、黎生、紹化等歡迎到文佩里休息並進午餐，至十三時卅分遷往中央飯店三四六號。十七時十五分赴閆雞閘晉謁敬公，繼往謁顧墨三及白健

公。廿一時接見張輩然，繼接見張雪中[59]、黃迪棟等。

八月二日、星期一、陰暗、午陣雨、95°、民國三十七年

一、接見李玉堂[60]、孫蔚如等及往診牙

二、應總統邀午餐、墨三邀晚餐

九時劉愷鍾來見，繼鐵心邀余、芬、樹正夫人及輩然到廣東酒家早點。十時李玉堂來見，繼孫蔚如來見。十二時卅分總統邀余到官邸午餐，同席者有光亭、煥然、余錦源等，至十五時返中央飯店。十六時卅五分偕芬、鐵心、庚輔等赴陸海空軍醫院診牙，診畢並到靈谷寺陵園一遊。廿時卅分應墨三邀晚餐，至廿一時四十分返。

---

59 張雪中（一八九九—一九九五），江西樂平人，黃埔一期。徐蚌會戰前任衢州第九編練司令。

60 李玉堂（一八九九—一九五一），山東廣饒人，黃埔一期。當時在第十綏靖區司令任內由兗州突圍抵滬。後因「通匪」罪為蔣介石在台處決。

八月三日、星期二、陰晴、92°、民國三十七年

一、參加國防部軍事檢討會議
二、在總統官邸午餐、愷鍾宅晚餐

八時廿分沈思魯來見。八時五十分偕光亭、樹正自中央飯店赴國防部大禮堂參加軍事檢討會議為總統訓話及部長訓話，至十一時卅分返。十二時卅分赴總統官邸應邀午餐至十四時卅分返。十六時到國防部參加會議為顧總長訓話至十七時四十分，散會後復到兵器室舉行第一組（作戰指揮）會議並與墨三晤談到廿時十分返。廿時卅分偕芬到愷鍾處晚餐至廿二時返。廿二時李定、吳協唐、郭安宇來見，繼李世超、黃迪棟來見。

八月四日、星期三、晴、96°、民國三十七年

一、參加國防部軍事檢討會議
二、應李定、吳協唐、王祝三、郭安宇邀晚餐

八時五十分偕光亭、樹正赴國防部大禮堂參加軍事檢討為作戰經過報告及檢討，至十二時返。十二時十分孫元良來見，邀同去孔雀廳午餐並約樹正作陪。十六時赴國防部到兵棋室（兵棋室即㗊室）參加第一小組會議至十七時返。十九時卅分赴陸海空軍醫院診牙後到正大里探印靈疾及與一峯接談，旋赴觀音庵卻巷應李定、郭安宇、吳協唐、王祝三邀晚餐，餐畢偕芬及李定夫婦遊玄武湖至廿四時返。

八月五日、星期四、晴、93°、民國三十七年

一、接見幸華鐵等及到凌承緒處午餐

二、參加國防部軍事檢討會議

八時四十分幸華鐵[61]、王時、張雪中、嚴醒民先後來見。九時到國防部參加軍事檢討（為作戰工作報告）會議至十二時卅分返，後偕芬到凌承緒處午餐。餐畢於十四時到國防部參加軍事檢討會議為提案討論，由部長主席，至廿時返中店休息。廿時卅分遷寓城左營12號何鴻棠（號隆嚴）住宅。廿一時卅分到鐵心處晚餐。廿四時十分樹正偕亞夫來見。十二時陸近渝來見。

[61] 幸華鐵（一九〇一－一九七七），江西南康人，黃埔二期輜重科畢業。時任立法院交通委員會程序委員。

八月六日、星期五、晴、94°、民國三十七年

一、參加軍事檢討會議總統講評
二、應八首長邀晚餐並參觀兵器表演

八時赴何部長官邸並在該處早餐，後赴國防部參加軍事檢討會議為豫東作戰之講評，（總統）並宣布獎懲對黃百韜、李覺、伍重嚴，張清武授勉，至十三時卅分始散會，到寓偕芬到大三元午餐。十五時應何、白、龍、余、桂、周、郭、顧八人邀到勵志社晚餐，　總統偕夫人蒞臨訓話，到十九時畢。後與同人赴百水橋參觀兵器表演，至廿一時返寓與一峯、鐵心等談。

八月七日、星期六（立秋）晴、94°、民國三十七年

一、出席國防部會議及覲總統
二、在勵志社宴各將領及赴敬公宴

八時卅分張雪中、李玉堂來見。九時到國防部參加關於副食費如何分配之報告與討論。十一時卅分

去總統官邸覲見總統。至十二時到勵志社宴請出席軍事檢討會議及因公到京之旅長以上將領並予以指示，至十四時十分返寓休息。十六時赴國防部大禮堂聽總統訓話，話畢到精益公司配眼鏡一副。二十時廿分赴鬥雞閘應何敬公邀晚餐。在何宅晚餐後到程天放處與新贛社同志談話至廿二時四十分返寓。

上星期反省錄（八月一日至八月七日）民國三十七年

一、在京開會期間前方甚屬平穩，惟不幸有朱賡颷[62]之事發生殊出人意料之外。按朱平日之談吐與其儀表儼然一優秀將領，而其居心乃適與相反，可謂以貌取人失之不羽矣。

二、炎拎之襲人有如惡劣之共匪

本星期預定工作課目

一、由南京飛漢口

二、去漢與東發等商聚安事

三、在漢主持禱安董監聯席會議

62 此人生平及事件經過均不詳。

四、由漢口飛鄭州
五、在鄭對各部隊少校以上點名訓話及對指揮部官佐點名訓話
六、在鄭對學生夏令營員生點名訓話
七、由鄭州飛徐州
八、在鄭指揮部及在徐本部參加晚會

八月八日、星期日、晴、95°、民國三十七年

一、接見周偉龍、李玉堂等
二、往謁何、顧並接岳母等

八時四十分交通督察局長周偉龍來見，繼李玉堂來見。九時五十分張雪中來見。九時廿分赴太平路新南京理髮館理髮，繼赴陸海空軍醫院診牙及訪李玉堂，至十時卅分返寓。十一時廿分周奉章來見。十六時四十分謁何敬公辭別，繼謁顧總長辭行，至十八時返寓。十九時偕芬赴下關車站接岳母及龍等兩兒到大三元晚餐。廿三時十分彭生輝夫婦不要鐵心離南山，鄒呂思、章璽等先後來見。

八月九日、星期一、晴、92°、漢口、民國三十七年

一、由南京飛抵漢口

二、接見徐祖治等並到衡源晚餐

八時卅分偕芬奉岳母攜龍等兩兒同乘車到明故宮機場，送行者有鐵心、黎生及賀隆嚴夫婦等，至九時芬及岳母等乘班機飛徐。余、梅、彭左輝、萬秀嶺、張興典、郭棟、謝立等乘C47－294運輸機飛漢，九時十分起飛於十一時到達，有治伕、馨山、貢齋、貫一、一木等十餘人，鄧副司令志堅亦來歡迎，旋即驅車到永康里住宅休息。十八時卅分由趙典之邀到大同清室休息後赴衡源錢莊晚餐。

在漢本日來見者有徐祖治、夏光宇、阮龍、趙子立、厤安邦、劉維一、潘國純、武吉常及紀揚、坤潮、周慰曾等一干人。

八月十日、星期二、晴、96°、民國三十七年

一、接見程式、傅良居、蔡文政等

二、主持禱安董監聯席會議及應張翼三邀午餐

八時徐會之來見未晤，繼程式、傅良居、萬象春來見，繼與生輝、和民等商聚安事。十時四十五分武漢敬公何副長蔡文政、憲十二團團長龍馭來見，繼劉振群、丁鎮宇來見。十二時應習共三夫婦由一峯代表到德明飯店午餐，至十四時二十分返寓。十五時十分袁濟安、邱林來見，繼周漢勳（和平日報主筆）、戴震來見。十七時卅分到禱安主持第四次董監聯席會議並在該處晚餐至廿一時返。廿二時接見丁叔垣，繼接見江之源。廿三時卅分戴冬生來見，一時五十五分郭浩然來見，又陳最男來見。

八月十一日、星期三、晴、95°、民國三十七年

一、往訪會之、仲賢、祖治及應順懋邀午餐

二、應翰齋、貢齋及道平邀晚餐並赴上海戲院觀電影

八時尊公來見。八時十分往訪徐會之，繼偕會之往訪阮仲賢後偕到華中劉總訪徐祖治，歸訪雪竹未遇，至十時十分返宅。十二時四十分應虞順懋夫婦赴德明飯店午餐於十四時餐畢，赴同興里視周純之太夫人之病。十五時屠倉伯來見，繼丁冠英來見。十六時26兵工廠長黃朝輝，32廠廠長趙達來見，為永康里房屋遷讓事，繼李國盛來見。十八時應翰齋、貢齋邀晚餐。廿時應王道平邀晚餐，餐畢偕家人赴上海戲院觀電影「橫渡太平年」，至廿三時五十分返。

八月十二日、星期四（上弦）、陰晴、88°、民國三十七年

一、由漢飛抵鄭對官佐點名訓話
二、在指揮部中正堂舉行晚會

八時半由宅赴漢口王家墩機場，至九時十五分起飛，同行者郭放、張輿典、楊鳳林，至十一時十分專機降落鄭州機場。在漢送行者有會之、東發、稽民夫婦、莊麗、壽徵、僤騰、馨山、國柱、道平、治伏、典之等約廿餘人。去鄭歡迎者有德操（孫震）[63]、元良等將官約廿餘人，到鄭後赴指揮部休息。十一時五十分接見楊友蘭、羅奇，繼先後接見彭志成、楊祖謙、熊忠述等。十七時在指揮部中正堂召集駐鄭營長以上軍官點名訓話計到一七五員。十九時召集指揮部及警衛團官佐點名訓話計到四一六員。廿一時卅分去中正堂舉行晚會，演豫劇及京劇至廿三時四十分返宏廬。

63 孫震（一八九二—一九八五），四川成都人，保定軍校一期。時任徐州劉總鄭州指揮部主任。

八月十三日、星期五、上午晴、下午雨、88°、民國三十七年

一、對鄭夏令營及四十七軍訓話

二、接受鄭各界獻旗後乘專機返徐

八時卅分偕德操赴鄭城北南社學生夏令營員生訓話，計到官佐一三八員（已點名），學生九七八名。到九時廿分訓話畢，視察該營內務後於九時卅分返部。在鄭十時十分接見專員等，十時五十五分接見劉直英、黃如璋（豫中區專員），繼見甘近堯、張金鑑、梁學煌、陳遠湘，十五時五十分接見楊中平、楊枝林。十二時卅分余赴華員醫院與該軍及69師官長聚餐，餐畢對該軍軍事檢討會議官長訓話至十三時卅分返廬。十六時赴指揮部至十六時四十分張縣長克俊、王書記長承川、孔主席新三（商會）、馮議長增運等代表鄭州民眾向余獻旗，為「黨國性命」四字。至十七時一行廿人乘專機起飛，德操等送行，至十八時廿分到寓，十餘人等迎接。

八月十四日、星期六、晴、87°、徐州、民國三十七年

一、接見張長榮、陳宇書、晁廣順（魯十一區專員）

二、參加本部晚會觀平劇

因余離徐共有十二日之久，故各方文件留待處理者甚多，本日積極辦理。十二時邀晁專員廣順共同午餐。十八時（原為十九時現改為十八時）主持本部作戰會報。廿時卅分偕芬奉岳母及攜三兒參加本部晚會，節目為平劇「四進士」全本，到廿二時卅分劇末終余即與芬攜三兒先退返寓。十一時接見張長榮（子亮駐京通訊處主任）及陳宇書（55師參謀長）。十一時五十分接見晁廣順。

本日為空軍節，四軍區徐州指揮所舉行慶祝大會及晚會，余派杜光亭代表參加。

上星期反省錄（八月八日至八月十四日）民國三十七年

一、政治活動余無基礎，經濟活動余無基礎，教育文化運動雖云有學校學社，正在圖謀設立一大圖書館，然以人才缺乏經濟條件不夠亦未足以言是有基礎。余也一生革命遂可為此沒沒以終乎，豈不死必將有所建白於天地間也。

二、河南於殘破之餘猶得聞豫劇嘹亮之聲，幾使人齒其局勢之嚴重矣。

本星期預定工作課目

一、主持本部作戰會報
二、主持本部週會
三、為岳母拜壽
四、宴山東立委
五、主持本部部務會報
六、對本部幹訓班點名訓話
七、與黃伯韜等共商軍事
八、到陸軍總醫院慰問病傷官長
九、參加本部晚會

八月十五日、星期日、晴、下午雨、86°、民國三十七年

一、接見邵雨村及邀陳宇書等午餐
二、主持本部作戰會報

十時陸心亙之婿邵雨村來見談商其工作。十二時邀陳宇書、張長榮等進午餐。十八時主持本部作戰會報並於會報後研究兵團調整及作戰訓練各要事。本日隨從衛士班編組成共十五人，以侯自明為班長云。

八月十六日、星期一、陰、87°、民國三十七年

一、主持本部周會及接見趙堯

二、設宴為岳母六旬晉二暖壽

九時主持本部週會到官佐一五九員，由郭主任作工作報告至十時十五分散會。十一時卅分19旅長趙堯來見，十二時邀趙堯共進午餐。十七時廿分于一凡偕宋迪璽來見，報告該部收容整理情形。十八時主持本部作戰會報。廿時卅分在寓內設宴為岳母六旬晉二暖壽，邀子清、紀雲作陪至廿二時卅分始散。

八月十七日、星期二、晴、88°、民國三十七年

一、接見雨菴及魯省李漢三等

二、仍向岳母拜壽並陪同進餐

七時卅分邱軍長雨菴（邱清泉）由前方到徐來見，報告赴京謁元首，當即慰勉並邀同早餐至八時卅分辭出。九時劉永焜來見繼張鵬霄來見。十時工20團長帥三軍來見，繼立委龔舜卿、李漢三、劉效義由子清導見談收容魯省黨工同志事。十一時于洛東來見，繼汪蘭生偕新任徐州收支處長盛漢恢來見。十二時返官邸為岳母拜壽並陪同進麪食。十八時主持本部作戰會報。十九時復到賀壽，佩莊趕到拜壽。志華、竹坡、若谷、建凱贈以酒席，共進餐至廿二時散。

八月十八日、星期三、晴、87°、民國三十七年

一、邀立委龔舜卿及王平一午餐

二、主持本部第九次部務會報

十時龔旅長、徐有成來見。十時卅分帥建勳來見，繼王平一來見。十二時三十分邀立委龔舜卿、李漢三、劉效義及王處長平一（魯社處長）、徐旅長有成同進午餐，餐畢略談而散。十六時主持本部第九次部務會報至十七時四十分畢，繼金總隊長振偉來見。十八時主持作戰會報。查有金東俠假供志信名

義，偽造介紹函求工作及借錢，扣押後取保開釋。

八月十九日、星期四、陰、81°、民國三十七年

一、到本部幹訓班對官長點名學員訓話

二、接見李璿、胡希亙等

九時偕吳處長劍稽、毛課長涵清赴九里山平西口營房本部幹訓班點名訓話，於九時卅分到達計集合官長八十六員，學員五四四員，先點名繼訓話至十二時十分返部。十六時廿五分金總隊長振偉偕荷澤分院長李璿來見。十七時接見松園學生胡希直、蕭憲忠、張繼、林政階四人予以訓示而去。十八時主持本部作戰會報（本日總統下令改革幣制發行金圓券收回法幣）

八月二十日、星期五、陰、晴、入晚雨、85°、民國三十七年

一、接見黃伯韜並與商軍事

二、赴滕雲、吳一舟等邀晚餐

十時二十分于參謀長誠來見報告該部近情。十二時四十分黃伯韜來談並同午餐，餐畢更與光亭、樹正、笠夫等商談軍事至十四時三十分始辭，至十八時主持本部作戰會報。十九時卅分徐州市銀行滕總經理雲偕夫人陳浣君、吳處長一舟偕夫人顧紫芳，譚輔烈、張市長希道、郭主任一予在市銀行邀共晚餐，余及芬奉岳母前往，至廿二時十分返寓。

八月二十一日、星期六、陰、87°、民國三十七年

一、到陸軍總醫院談視譚訥等

二、赴吉甫宴及參加本部晚會

十時偕周尊三赴徐州陸軍總醫院採視譚訥、泳萍病，同時慰問負傷官長馬團長振鐸（12D）、趙處長瑞璋（十綏區四處）、賈副指揮官昭孔（十綏聯防指揮部）至十一時十五分返部。十一時廿五分接見周長官礱，繼接見于師長兆龍。十二時卅分邀于兆龍及一處副處長魏冠中、課長范凱、黃飛軍、葉明德五人同進午餐。十八時十五分主持本部作戰會報。十九時十分李吉甫（李延年）夫婦在本寓宴請岳

母、余夫婦及重要軍官，席至廿時卅分畢。廿時四十分余等參加本部晚會，節目為話劇電影至廿二時四十分返。

上星期反省錄（八月十五日至八月二十一日）民國三十七年

一、馭軍為最佳之事亦為最易之事，苟失其心雖千鈞壓力不服，苟得其心不施壓力而誠服。推心置腹古人行之有效，苟能結眾心為一心天下事不公為耶。

二、經理衛生之適當即為軍隊之良好基礎。

本星期預定工作課目

一、到整十二師點驗及訓話

二、主持本部作戰會報

三、主持本部臨時軍政會議

四、參加第三綏區綏靖會議開幕典禮致訓

五、參加本部晚會

六、遊徐州公園

八月二十二日、星期日、晴、86°、民國三十七年

一、率點驗組赴整12師點驗及訓話

二、接見沈立人等及赴寶興公司邀晚餐

八時卅分本部監察組組長沈立人來見。八時五十分余率吳劍稽、吳在魯並由一、三兩處組織點驗三組，第一組為吳課長文展、葉參謀紹宗、趙參謀睦鄰。第二組為黃課長飛軍、孟參謀秉淑、林參謀昭遠。第三組為李參謀蘇波、林參謀振華、任參謀長清，赴徐州西北之唐溝整12師點驗。余集合該師官長（少校以上點名）訓話，至十二時十五分返部。於十四時返寓晤韻笈、竹坡。十八時主持本部作戰會報。廿時偕芬奉岳母攜三兒到寶興麵粉局應樹誠夫婦邀晚餐，至廿二時返寓。

八月二十三日、星期一（處暑）晴、86°、民國三十七年

一、邀孫靖時、歐陽珍等同進午餐

二、接見二綏區九將官並邀同晚餐

十時零五分王旅長琛來見，報告該旅現狀。十二時邀孫靖時、歐陽珍、葉伯平、左叔遠同進午餐。十六時卅分接見凌冀潮，繼接見二綏區副長傅立平、秘書長劉啟勳、副參謀長于戢、處長吳鳶、副處長劉天錫、張介人、處長譚子琦、張天權及駐徐通訊處長李亞光，當予訓示而退。十九時邀二綏區九將官晚餐，餐畢暢談至廿時五分始散。

八月二十四日、星期二、晴、85°、民國三十七年

一、接見李炳仁、石光琳、楊挺亞等

二、主持本部作戰會報

九時卅分楊挺亞來見，繼王琛來見。十時曹軍醫季光來診牙。十二時空軍徐參謀長燕謀、時大隊長（蚊式機）光琳、沙工程師曰昌來見，並邀共進午餐。十五時卅分召津浦鐵路醫院林醫師憲曾來為余診牙。十八時主持本部作戰會報。十九時李長官炳仁由蚌到徐來見，邀同晚餐至廿時十分辭出。

八月二十五日、星期三、晴、85°、民國三十七年

一、主持本部臨時軍政會議

二、邀臨時軍政會議會員聚餐及參加晚會

八時李長官炳仁來談並共進早餐，旋黃煥然（黃百韜）參加，繼到啚室與樹正、笠夫等共商軍事問題，至九時卅分余出席主持本部臨時軍政會議，討論人事類補給類提案至十二時廿分散會。散會後於午餐時邀王琛、楊挺亞、周英、周泮園、黃斌同席。十五時四十分召林醫師憲曾診牙。十六時繼續主持本部臨時軍政會議討論政工類、軍風紀類提案至十七時四十分散會。十九時新委整12師師長鄒榮來見。十九時四十五分邀本部臨時軍政會議會員聚餐，到廿一時卅分偕芬參加本部晚會，節目為平劇打漁殺家及霸王別姬，至廿三時十五分返寓。

八月二十六日、星期四、晴、85°、民國三十七年

一、接見莫衡、譚心、陳儒亮等

二、郭汝瑰[64]、徐志勗到徐商剿匪事

九時四十分新委新廿一旅副旅長陳儒亮來見，繼隴海路局長莫衡、譚旅長心來見。十一時卅分郭汝瑰、徐志勗由京乘機到徐，由樹正、笠夫、煥然、輝南等歡迎共來談，並同午餐（江蘇學院院長徐鎮南並同午餐）莫衡同午餐至十三時，與郭等同到啚室研究今後剿匪（對蘇北）之部署及方法至十五時卅分，郭、徐與樹正同飛濟南。十八時五十分笠夫偕周局長偉龍來談並邀同晚餐。

八月二十七日、星期五、晴、86°、民國三十七年

一、參加第三綏區綏靖會議開幕禮致訓

二、接見周奉璋、李伯文等及到公園一遊

八時周長官奉璋來見，繼赴江蘇學院（子清偕往）參加第三綏靖區綏靖會議開幕典禮致訓，並與與會全體人員攝影至十時廿分返寓休息。十一時廿分余偕芬、莊及攜三兒奉岳母赴徐州公園遊覽，並在樹

64 郭汝瑰（一九〇七－一九九七），四川重慶銅梁人，黃埔五期。時任國防部第三廳（作戰）廳長，潛伏共諜。中共建國多年後被給予副兵團級待遇，以為酬庸。

蔭下品茗至十二時十分返寓，並到子清寓所一視。十六時廿分李郁文、諶國鈞來見，繼彭國棟、孫良誠先後來見。

八月二十八日、星期六（下弦）、晴、87°、民國三十七年

一、接見黃字顏、彭國棟等並邀同餐
二、參加本部晚會為話劇、川劇

八時四十分李永榮來見，繼黃字顏、余錦源來見。十二時邀黃字顏、余錦源同進午餐。十九時邀彭國棟、張思林（江蘇省府主任秘書）、林中奇（安徽省府委員）、厲同倫（安徽省府秘書）、唐道王（北方局副處長）、周志道晚餐，餐畢與周志道談話詢其黃幼衡叛逃清形。廿一時偕芬、莊及三兒奉岳母參加本部晚會為話劇「啞妻」及川劇「兩齣」，至廿三時返寓。

上星期反省錄（八月二十二日至八月二十八日）民國三十七年

一、故人主張一鼓作氣，而現今軍隊作戰注重士氣之關係大亦哉。科學大發明之結果而有原子彈顯其無上之威力。苟主其事者無擲原子彈之勇氣，則變等於廢物乎，故曰帥其志無暴其氣。

二、無論體魄如何強壯之人，苟失其營養必無力以從事，軍隊亦然。若平時不注意其保育，以羸兵使用於戰場其有不招敗者乎。

本星期預定工作課目

一、主持本部週會並訓練

二、出席駐徐附近整訓各部隊團級以上部隊長及政工主管工作檢討座談會

三、歡迎中原慰勞團來徐並與談話

四、接見鄭州指揮部警衛團趙副團長指示給團編撥辦法

八月二十九日、星期日、晴、84°、民國三十七年

接見馬載文、東翔等

八時五十分劉永焜、陳可來見。九時二十分馬載文、李世俊來見。九時四十五分東翔由南京來見。十二時邀東翔、馬載文共同午餐。十二時廿分光亭由碭山回部，曾與晤商一切。十九時半返寓邀同子清夫婦晚餐，馮司令官仰之邀看平劇。

馬攜山東立委范予遂等函來談魯事。

八月三十日、星期一、晴、83°、民國三十七年

一、主持本部週會並訓話

二、接見李文彬、謝錚等並邀同午餐

八時四十分李定來見，繼曾樹勳夫婦來見並同早餐。九時李副長文彬與謝長錚來見。岳母攜龍、新兩兒於本晨乘快車9：40赴京轉滬。九時十分主持本部週會由第一處吳處長報告，余訓話至十時卅分散會。十一時舊縣長錢志誠、議長朱子雲、縣黨部書記長程冬柏來見報告清匪意見。十一時卅分舒師長榮來見，請求發通話器材等，繼高應篤、羅震來見。十二時卅分邀李文彬、謝錚、徐紹熙、郝華文、李漢萍（二兵團參謀長）共進午餐。

八月三十一日、星期二、晴、83°、民國三十七年

一、出席政工座談會並致訓

二、歡迎中原慰勞團並與談話

八時卅分出席整訓各部隊長及政工主官座談會，余致訓至九時卅分先退，由馮仰之代為主持。十時廿分杜淑來見，繼張禹績、楊桂森（第四綏區駐徐通訊處處長）先後來見。十七時馮子固、耿繼勳、董玉鈺、張開嶽、李公遠、劉子仁、朱伯鴻、盧勤經各專員縣長來見。十八時卅分余偕子清到東車站歡迎中原慰勞團（共十八人）到本部大樓下休息，並與張團長伯英、謝副團長仁釗、（楊團員寶琳）共進晚餐。廿時卅分邀請各團員及新聞記者談話，在大樓下大廳。廿一時廿分伯英、仁釗到寓所敘談。是夜忽感腹痛甚劇，延李錫敦醫師診治。八時杜光亭由徐飛鄭。改組駐徐附近整和部隊，團級以上部隊長政工主官工作檢討會議。

上月反省錄（八月份）民國三十七年

一、總體戰為剿滅奸匪之要圖，叫囂已久迄未見到實行，更不要問其成績。中國人徒尚空談之性情

往往如此，苟不澈底改變官吏作風將至百無一成，豈軍總體戰而已，成建國立麗之遠景將愈盼愈遠也。

二、事完了必要有一個檢討以查出其得失之點而圖改進之方，故檢討者不僅明其得失，尤在實行改進，苟只以官照例檢討，而事過後依然故我，則檢討有何益哉，徒多此一舉而已。

上星期反省錄（八月二十九日至八月三十一日）

一、匪為何能到處竄擾行若無事，而我寸步難移一籌莫展，其原因何在。蓋彼氣盛而我氣衰，彼狡滑而我愚拙，彼為亡命之徒毫無所顧忌畏縮，而我有室家田園之累，遇事瞻顧不前，於是彼抓住民眾取得勝利，而我空無所獲歸於失敗，哀矣。

二、要能抓住民眾才能對付奸匪，如民眾心不我向，永無肅清奸匪之一日。

本星期預定工作課目

一、檢視本部補訓總隊

二、主持二兵團幹訓班開學典禮

三、主持戰地參謀教育隊第二期開學典禮

四、檢查重迫砲十二團鐵甲車第二總隊通三團內務
五、主持本部部務會報
六、主持本部作戰會報

一九四八年九月

本月大事預定表（九月份）民國三十七年

一、商定本區作戰計畫並主持本部作戰會報
二、主持本部部務會報
三、檢查本部駐外各單位及直屬配屬各單位內務並予講評
四、檢視第59師77師
五、接受鄭州夏令營全體學員簽名之獻旗
六、主持本部周會並對新進學員點名訓話
七、主持本部人事評選會議及動獎會議
八、對本部獨立警衛營官長點名官兵全體訓話
九、主持總體戰實施研討會議

十、參加徐州各界中秋勞軍晚會及接受獻旗
十一、對駐鄭州部隊官兵訓話（少校以上點名）
十二、對駐汴68師官兵訓話（上尉以上點名）
十三、在汴召集河南省會黨政軍機關首長舉行座談會

九月一日、星期三、陰雨、81°、民國三十七年

一、患腹痛延李世楨等醫師診治
二、在病中見趙世棟

本日原定赴砲車檢視63D，因患腹痛未行。九時延李錫敏醫師到寓診治。十一時李參謀長樹正由京飛返徐，來函報告在京決定事項。鄭州指揮部警衛團團部及第一營開拔來徐，該團副團長趙世棟來見。廿時三十區分本部診所醫官梁鵬與李錫敏、李世楨醫師、寇振歧院長（鐵路醫院）、饒主晉醫官等共同診視，擬方於是夜注射止痛劑、服藥並施行灌腸，始漸安。指示趙世棟對該團編隊點名辦法。

九月二日、星期四、陰、80°、民國三十七年

一、接見楊寶琳、張憲、孫邁斯
二、與樹正、伯韜、林湛等商軍事

本日余腹痛已減輕仍在寓服藥。十一時接見慰勞團楊團長寶琳、張總幹事憲、孫幹事邁斯，蓋彼等來視我疾也。十六時四十分李參謀長樹正、章副參謀長毓金偕黃長官伯韜、黃軍長淑、林師長湛、劉副師長棟材到寓商談軍事，約半小時散。十九時余宴中原慰勞團於本部大禮堂，由馮總長代表作主人。廿一時本部舉行晚會歡迎中原慰勞團。

九月三日、星期五（朔）、陰、78°、民國三十七年

一、余因病仍在寓休息

本日余腹痛大愈，在寓服藥休息，仍在自復。本日為九三勝利節，本市各界於八時半在中山堂舉行慶祝並中原慰勞團慰勞大會，余未前往由馮副總長仰之代表並接受獻旗。十九時馮副總長仰之宴請中原

慰勞團於本部大禮堂。廿時卅分中原慰勞團在空軍俱樂部舉行舞會，招待陸空軍以示慰勞。

九月四日、星期六、陰雨、74°、民國三十七年

一、本月起余到部辦公

二、邀伯英、仁釗、寶琳等晚餐

余原定在本晨赴雙溝鎮檢視72師，以昨日夜大雨，本日又雨，公路泥濘不便行進，故臨時終止即到部辦公。十時訪慰勞團同人於本部招待所（原高參參議室）。十八時主持本部作戰會議。十九時卅分邀伯英、仁釗、寶琳、耕陽、子清夫婦等在寓晚餐。本部仍照規定舉行晚會余未參加。

（本日親彙寄各處信十封之多，稍覺手酸）

上星期反省錄（八月二十九日至九月四日）民國三十七年

一、余到徐後視察所及，軍隊與社會的缺欠振奮精神而發生若干弱點，故提倡守時、秩序、節約、

清潔四次運動，以樹立新的風氣，惟不知能收若干效果耳。

二、體力漸衰，不能耐持續之艱苦工作，余為此懼。

本星期預定工作課目

一、偕子清等遊雲龍山

二、到中山堂觀話劇「金玉滿堂」

三、商定本區作戰計畫並主持本部作戰會報

四、主持本部第十二次部務會報

五、檢查本部駐外各軍位及直屬配屬各單位內務

六、赴柳泉檢視第七十七師、賈汪檢視第五十九師

七、接受鄭州夏令營全體學生簽名之獻旗

九月五日、星期日、晴、77°、民國三十七年

一、訪伯英不晤，遊雲龍山

二、到中山堂觀話劇「金玉滿堂」

午前到部辦公，為本方面糧彈缺乏事曾先後向墨三、敬公、海吾通電話謁力請求，蓋關係太大也。十二時卅分返寓邀同子清夫婦共午餐，餐畢休息。十六時十五分鄧處長良生來見。十六時廿分余偕芬赴中正路招待所約子清夫婦同赴寶興公司訪伯英不遇，晤鶴軒夫婦，繼赴雲龍山招待所略座後即登山，經育幼院遊覽飲鶴泉大佛殿諸名勝，在大佛殿略息後下山，至十八時廿分返寓。十九時卅分余偕芬及子清夫婦到中山堂觀政工大隊演出之四幕話劇「金玉滿堂」，至廿一時十分返寓。

九月六日、星期一、陰、75°、民國三十七年

一、中原慰勞團由徐專機飛鄭
二、張翼三、趙一峯來徐邀在寓晚餐

晨起覺腹有脹氣而不適，仍服開胃通氣消化液水。十時卅分鄧處長翼鵬持鐵心函及劉吉龍妻楊氏報告（為劉失蹤）來詢，及軍糧已有著落，心為之稍寬。十四時廿分中原慰團全體來辭行，該團於十五時由徐專機飛鄭。十九時卅分張翼三偕趙一峯（趙子立）到徐來見，於廿時卅分邀在寓晚餐，子清及印靈作陪，至廿二時辭去。

九月七日、星期二、陰、74°、民國三十七年

一、邀翼三、光亭、一峯等早餐

二、商定稽李作戰計畫及主持作戰會報

八時半邀翼三、光亭夫婦、一峯、樹正、子清夫婦、光亭公子等在寓同進早餐，餐畢辭出後翼三、光亭夫人、一峯等乘九時四十分快車赴京。九時十五分潘國彝來見，繼顧新盤、顧濟潮來見。十一時卅分梁副處長孝煌來見，並代表鄭州學生夏令營向余獻全體學生簽名之旗致敬，同時獻呈同學錄及照片數張。十二時卅分與仰之等同進午餐。十七時召光亭、樹正、笠夫、岐吾（馮嶷）及主管作戰參謀商定卅七年秋季作戰計畫，繼主持作戰會報（在大樓下）。

九月十日、星期五（上弦）、晴、83°、民國三十七年

※（缺九月八日、九日兩天日記）

一、視察本部直屬配屬各機關部隊

二、邀唐雨岩、崔廣森等午餐並接見張啟凡

九時偕吳處長劍秋、葉課長明德、熊課長建初等親往視察本部直屬配屬各機關部隊（1）尉官收訓隊隊部（2）青訓總隊部第三大隊部及十一中隊（3）憲廿七團部（4）第一補給區司令部（5）軍官大隊（6）本部警衛團隊（7）補訓總隊，至十時四十五分返部。十二時卅分邀唐高參雨岩、崔參謀長廣森及第四處姜課長頤同進午餐。十七時派杜光亭赴京接洽要員。十七時卅分接見國防部派本部服務之少將部員張啟凡。

九月十一日、星期六、晴、84°、民國三十七年

一、偕仰之等至賈汪檢視第59師

二、接見劉景健、周炎光、邱清泉

七時卅分余偕仰之、子清、岐吾、笠夫、劍秋、翼鵬等由徐乘專車北上，於九時抵柳泉站，王師長71D長海率隊到站歡迎。下車到該師師部略事休息即集合該師師部官佐及直屬部隊點名訓話後，旋繼赴賈汪，於十時廿分到達。59D劉師長振三率隊及華奉礦廠礦工隊、礦警隊各學校學生及地方父老共千餘人。車駛新礦區第三綏區指揮所休息，旋接見礦工會代表吳相桂、王景隆及59師團長以上軍官面詢一切。

十四時卅分到石頭鎮操場檢視59師（計三千餘人），繼赴林子視59D官兵射擊比賽，至十六時後到操場對59D上尉以上點名，全體官兵訓話，並給射擊優勝官兵以獎狀，至十七時卅分返新礦辦公處休息。十八時〇五分專車自賈汪經柳泉駛返徐州，十九時十分到達。廿一時接見劉景健，周炎光廿一時卅分來見。廿二時邱清泉來見。

上星期反省錄（九月五日至九月十一日）民國三十七年

一、戡亂剿匪論我方力量本不為薄，然而師久未能奏功者則我精神不夠，決策未定，故彼得以伺隙而入，我失了許多機會，彼遂得了許多便宜。思及往事殊為可惜，然亡羊補牢未為晚也，今後則不宜再有失耳。

二、要能立定腳跟充實力量方可以言進展，故準備不足難言戰。

本星期預定工作課目

一、主持本部週會並對新進人員點名訓話

二、主持本部人事評選會議及勉獎會議

三、對本部獨立警衛營官兵點名官兵全體訓話

四、主持總體戰實施研討會議
五、參加徐州各界中秋勞軍晚會及接受獻旗
六、赴中山堂參加本部全體官佐家屬遊藝晚會

九月十二日、星期日、晴、82°、民國三十七年

一、接見王奎昌、劉永焜、呂敦毅等
二、邀左偕康、李、亮共進午餐

九時接見58旅長王奎昌。十時三十分接見第一補給區長劉永焜、第十三兵站分監呂敦毅。十時四十分陸軍總部監察處副處長劉德藩、第三科科長曹竟成上校、監察官許成模來見。十一時前山東特務旅中校參謀長黃有為。十二時卅分邀政工處左副處長偕康、李主任、孫書亮共進午餐。廿一時田建中偕李黃、林英來見，即住寓內。

九月十三日、星期一、晴、80°、民國三十七年

一、主持本部週會並對新進人員點名訓話
二、接見慰勞團並邀請小姑、張、謝等晚餐

九時主持本部週會由章副參謀長毓金報告匪我現狀及關於剿匪戰術之研究，余訓話對視察各軍清形予以講評，至十時十五分禮成，繼在大禮集合本部各單位及榮譽第四團新進人員點名訓話至十一時畢。繼接見第六支隊長劉俠華及張啟堂，又第三區軍法執行監部副主任唐駿持王葆齋函來見，旋警衛團副團長顧子俊由章笠夫引之來見，語言不遜當即申斥。十三時廿分于城來見。十六時四十分召集警衛團連長以上點名訓話。十七時廿分張伯英、謝仁釗偕慰勞團召見及新聞記者來見。張伯英、謝仁釗在寓晚餐。十九時余夫婦偕子清在寓宴請小姑、建中、仰之夫婦、樹正夫婦等至廿時十分畢。廿時四十分何倫清來見。

九月十四日、星期二、晴、80°、民國三十七年

一、主持本部人事評選會議及勳獎會議

二、接見王佐民、王振聲、熊蘭山等

九時國防部員吳俊人持公文來見。九時十五分主持本部人事評選會議，繼主持本部勳賞會議至十一時卅分散會。十二時王主席佐民自濟南飛徐來見商洽軍事重要問題至十二時卅分，邀同午餐並邀劉德藩、曹竟成、許成模、王文應等同進午餐。十五時五十分王副師長振聲來見，繼熊副市長蘭山來見。十六時廿分伯英、仁釗來，繼吳梁林、吳一舟先後來見。本日九時徐州舉行節約守時、清潔、秩序四項運動宣傳大會。八時中原慰勞團全體偕王佐民（王耀武）、熊蘭山、田建中、李黃、林英等一行等廿餘人乘001號運輸機飛京。八時卅分主持本部作戰會報。

九月十五日、星期三、晴、78°、民國三十七年

一、對本部獨立警衛營官兵訓話

二、接見張慎中、王佐民、孫良誠等

九時集合本部獨立營警衛全體官佐點名，對士兵舉行問答後對全體官兵訓話至十時畢。十時十五分前鄭州指揮部警衛團長張慎中來見。十二時卅分邀本部新任警衛團長于城及政工處第一課李課長鳳威同

進午餐。十七時四十分王佐民、孫良誠、尹心田來見。王、孫均由京飛徐者，王與余略談後於廿時半飛返濟南。

九月十六日、星期四、晴、77°、民國三十七年

一、主持總體戰實施研究會議

二、接受各界勞軍獻旗並參加晚會

九時余在大樓樓下圖室主持本部及第三綏區區長部高級官佐對總體戰實施研討會議，至十一時卅分散會。十六時李副參謀長誠一來見，繼劉燦霞來見。十七時十分邱師長維遠來見。（自本日起作戰會報改為十七時四十分舉行）十七時五十分主持本部作戰會報。廿時廿分徐州各界秋節勞軍座談會，在本部禮堂舉行勞軍晚會並向余獻旗。張師長希道致詞，余答詞。節目為電影及平劇（各高級官眷屬亦參加），至廿三時十分畢。廿時譚達夫人到寓並與夫人晤見。本夜陳匪（陳毅）圍攻濟南。

九月十七日、星期五、晴、77°、民國三十七

一、本日為舊曆中秋邀李誠一等共進午餐

二、攜芬到立遠路晤子清夫婦

本日為舊曆中秋節，余仍率僚屬照常辦公，不過對本部正副主官必要人員及警衛營等予以犒賞而已。十時十五分四綏區新徐辦事處長楊桂森來見。十二時卅分邀杜叔、李誠一、曹駿、劉夷華、邱維遠等同進午餐。十八時廿分余偕芬到本市立遠路十五號晤劉子清夫婦，並在該處晤戰地視察官章鏡禮，至十八時五十分返寓。本日晚餐邀任雲夫人同席。夜間與芬及鄖兒共賞月，頗覺岑寂。

九月十八日、星期六、陰雨、77°、民國三十七年

一、本日杜、韓兩副總長由京返徐

二、赴中山堂參加本部晚會

十二時十分杜光亭、韓楚箴（韓德勤）兩副總長由京乘機返部，郭主任一予同返，旋召樹正、笠夫等商作戰事宜。十二時卅分邀74師參謀長江崇林及該師58旅旅長王奎昌同進午餐。十七時四十分主持作戰會報。二十時余偕芬赴中山堂參加本部晚會，節目為口技、單弦、拉戲、歌詠、西藏舞、京劇、合影，各項均甚精彩，至廿四時返寓。

上星期反省錄（九月十二日至九月十八日）民國三十七年

一、以匪攻濟南及到處竄擾，剿匪戰事正在緊張之時家庭分離不覓享團聚之樂，於寂然淡然中與吾芬及小鄺度此中秋佳節，雖天空月明殊難因其照耀而遂洗除其中心之戚之也。

二、彭城古稱四戰之地，興亡之跡歷歷可數，聞機聲之嗡嗡不舍晝夜，能不肅然起舞。

本星期預定工作課目

一、主持本部部務會報及作戰會報

二、偕王副總長叔銘到濟南督戰

三、宴國防部軍事督導組第一、二組組長組員共卅五人

九月十九日、星期日、雨、76°、民國三十七年

一、接見熊笑三並邀黃祥烈、劉相立午餐
二、濟南守備西南地區之84師師長吳化文叛變

十一時整五師副師長熊笑三由京返來見。十二時廿分邀憲27團團長黃祥烈、副團長劉伯立同進午餐。十七時十分空軍第四區羅長機（之綱）、王處長景常、李大隊長礸（振雄）、孔組長金鏞到寓來見，繼光亭、李樹正、章毓金來見商談援濟辦法。本晚九時在濟南西南守備之84師師長吳化文率部叛變降匪。

九月二十日、星期一、陰雨、74°、民國三十七年

一、接見74師賀副師長等予以訓示
二、邀韓德考、蕭佐共進午餐

十一時三十分整74師賀副師長執直率該部51旅王旅長夢庚、58旅長王奎昌、173團長蔡亞鍔、174團長曹削平、153團長毛如德、151團長王克天來見，當對詢問該各旅團情形並予訓示。十二時廿分邀尉官收訓隊長韓德考、榮譽第四團長蕭佐共進午餐。

（濟南自吳化文叛變後，經王佐民重新調整部署內部已能安定）

九月二十一日、星期二、雨、73°、民國三十七年

一、接見程玉載、羅奇、魯岩參等

二、主持作戰會報與邱、黃、李等商討軍事問題

十時卅分召見83師63旅副旅長程玉載、188團長曹益三、189團副團長濮雲詢問該兩團整補訓練情形，並予指示。十一時國防部戰地巡迴第二組組長魯岩參、組員謝學員、袁俊卿來見，繼于城來見。十二時卅分邀魯岩參、謝學員、袁俊卿午餐。十七時四十分主持作戰會報，邱清泉、黃伯韜、李源均參加研討軍事問題，至廿時廿分散會，邀邱、黃等共進晚餐，餐畢羅奇由鄭來見。

九月二十二日、星期三、陰、75°、民國三十七年

一、接見舒適存等並邀楊友蘭午餐

二、主持本部部務會報及作戰會報

九時卅分李文田來見，報告將赴蚌任三綏區指揮所主任。十時十五分楊副處長友蘭、彭高參志成來見，楊並代表鄭州各界向光亭、雨庵、煥然、輝南等獻旗致敬。十時五十分國防部第一軍事督導組長張實忠、第二軍事督導組長周芝繁來見。十一時四十分本部前進指揮部參謀長舒適存，第三處副處長鄧錫沅來見。十二時邀羅奇、楊友蘭、彭志成共進午餐。十六時主持本部第十二次部務會報，十八時廿分主持本部作戰會報。二十二時五十分接見羅奇、徐振獻。二十二時廿分毛潯白來見。

九月二十三日、星期四（秋分）、晴、75°、民國三十七年

一、偕王副總長叔銘飛濟南上空

二、主持本部作戰會報

九時空軍王副總長叔銘及空軍總部第二署副署長董明德來見，即邀共進早餐。餐畢與光亭、樹正、笠夫等共研討陸空協同殲滅濟南之匪辦法。十時五十分偕笠夫、印靈等到機場聽取戰報後，與王叔銘、董明德於十一時廿分乘天雄號專機起飛到濟南上空與王佐民通話後，叔銘並指揮空軍作戰。飛返徐州於十四時卅五分降落機場，十五時返部。十五時十分黃伯韜來見，十六時木嶽來見。十七時卅分主持本部作戰會報。十二時卅分杜副總長光亭專車到商邱指揮。

九月二十四日、星期五、陰雨、75°、民國三十七年

一、接見厤安邦、戴以道、石清等

二、宴國防部軍事督導第一、二組三十五人

十時卅分冀省府、冀南行署主任邵鴻基來見（伊被派為本部冀魯豫邊區剿匪長），商冀魯豫邊區剿匪事。九時十五分厤安邦、戴以道由漢來見。十二時卅分在本部禮堂宴國防部軍事督導第一、二組組長張寶忠、周其繁、督導官朱學禮等共三十五人，並邀胡計威、張兆華兩參議及張部員啟凡參加。十六時卅分石清來見，繼徐從周來見（鄭指揮部聯秘處副主任秘書）。十七時卅分余主持本部作戰會報。十九時卅分邀厤安邦夫婦、戴以道、石清在寓晚餐。

九月二十五日、星期六、雨、72°、民國三十七年

一、往訪王、黃及到北站視察部隊
二、接見監察局熊管廷、劉之仁等

九時十分余赴中正路空軍三大隊宿舍訪王副總長叔銘，繼赴民主路二十八號訪黃長官煥然，赴隴海北站視察過境部隊（63D）在車站擁擠混亂情形，於回部後電話第四處予以糾正。十二時卅分邀工兵指揮官周金銓同進午餐。十六時十五分接見國防部監察局監察劉之仁（均贛籍）。十七時與煥然、樹正、笠夫、楚箴等商軍事後主持本部作戰會報。

本日八時我濟南守軍依然抵抗在即。

上星期反省錄（九月十九日至九月二十五日）民國三十七年

一、有傷腦筋之事尚有難對人言之苦，此中滋味為何如耶。
二、要造就多數有為之優秀青年為未來新中國之建設人才，凡屬有遠見者莫不有此觀念。無如世亂紛紜，即現僅有之人才亦無安身之所，奔走衣食有如喪家之犬，寧不使人悲憤耶。

本星期預定工作課目

一、由徐飛鄭商該方防務
二、在鄭參加前進指揮部晚會
三、在鄭對駐鄭各部隊官兵訓話（少校以上點名）
四、由鄭飛汴對68師官兵訓話（上尉上點名）
五、在汴召集河南省會黨政軍首長舉行座談會
六、主持本部十三次部務會報
七、主持本部作戰會報
八、參加本部週末晚會

九月二十六日、星期日（下弦）、陰、71°、民國三十七年

一、由徐飛抵鄭州與軍事重要人商談一事
二、參加鄭州指揮部晚會

九時幹訓班推薦之教官陳日誠來見，綏十綏區二處長陳柏庭來見。十一時譚處長訥（詠萍）來見（病癒）。十三時五十分偕芬暨笠夫、石清、守恆、禹績、馬尚義、張興典等十人自徐州機場乘C5型309號專機飛鄭，於十五時十分降落鄭卅機場，元良、書晨及各師長參謀長副師長等到場歡迎，旋即乘車赴指揮部休息與軍事重要人商詢一切。在指揮部晚餐後赴宏廬。十八時卅分偕芬、石清陪同到青雲里及其公館到十九時卅分召曲晨來談。廿時偕芬、石清到指揮部中山堂參加晚會，觀豫劇、平劇未終於廿三時三十分返宏廬休息（地方高級官員等到場歡迎，劉子亮到指揮部晉謁）。

九月二十七日、星期一、陰雨、70°、民國三十七年

一、由鄭州飛抵開封對66師官兵訓話
二、參加河南省府秘書長各廳委晚餐

八時四十分在宏廬接見李師長振清。九時卅分偕文良、書晨、笠夫等赴鄭州隴海花園南集合場，向前進指揮部12兵團長部及其直屬配屬部隊69D、41D、47D等官兵計官一九五員、士兵一三三五九名問答訓話（少校以上點名），至十一時畢返宏廬休息。十二時十五分偕子亮、笠夫、及芬、石清等乘原專機自鄭機場起飛至十二時卅五分降落開封，到場歡迎有子亮夫人、子瑞夫婦、省府秘書長、各廳委及各

友好等數十人，旋即驅車到三聖廟街劉子瑞公館休息，午餐午後有賓客來見。十五時卅分在開封西門內廣場集68師官兵問答訓話至十六時卅分畢（尉以上點名）。十七時五十五偕芬往訪曾樂山開封檸春、子亮之太夫人，到森林公園遊。十九時十分到河南省銀行應省府秘書長各廳委邀晚餐，餐畢到新聲劇院參加晚會，因大雨出府即返。

九月二十八日、星期二、陰雨、68°、徐州、民國三十七年

一、在汴召集黨政軍首長舉行座談會
二、由汴乘原機返徐及主持作戰會報

九時十分赴開封初中省府會議室召集河南省會黨政軍各機關首長舉行座談會，首由余對軍事政治、經濟各方配合行總體戰之意義加以闡明，並予勳勉的峻峯、佛清、紫星（應篤）、東峰相繼發言，至十時四十分散會。十一時五十分余偕笠夫（鄖之在內）、芬等仍乘原專機自汴機場起飛至十三時在徐機場降落，在寓午餐後即到部辦公。十七時接見陳指揮官紹平。十七時卅分主持本部作戰會報。

九月二十九日、星期三、上午晴、下午陰雨、68°、民國三十七年

一、接見楊隆平、李源、趙子立[65]等

二、主持本部第十三次部務會報

九時卅分就任本部政工處督察專員楊隆平來見。十一時李參謀長樹正偕李長官源及該部參謀長吳家鈺來商防務。十二時趙一峯（趙子立）由京來見並同進午餐。十二時卅分邀朱教育長嶽、邱指揮官書硯、趙團長志華等共進午餐。十六時主持本部第十三次部務會報。廿時邀趙一峰在寓晚餐，同時志華、一英亦到。

九月三十日、星期四、陰雨、69°、民國三十七年

一、接見馮繼異、周開成、石建中等

二、邀廖馥如、徐魁榮共進午餐

65 趙子立（一九〇八－一九九二），河南永城人，中央陸軍軍官學校工兵科畢業。時任河南省政府委員，保安副司令。

十時二十分馮副參謀長歧吾偕其弟，　總統特派戰地視察官馮繼異、第八軍副軍長周開成、42師師長石建中來見。十二時四十分邀炮十三團團長廖馥如、重迫砲十三團團長徐魁榮同進午餐。十六時召見前132旅中校參謀于蓍占，高綸士之表弟，聽取其報告。十七時卅分主持本部作戰會報。

上月反省錄（九月份）

冬季課程表

一、有人云人類係由層層錯誤聚集之一群，此語與耶穌所云人類必須悔過之意相合，故人不能無過，過而能改善莫大焉。

二、欲總體戰之能發生效果除制度與方法外大必樹立其精神，以本部在事同人研究之結果當實行三公三反。三公者何？即人事公斷、意見公決、經濟公開是也。三反者何？即反官僚、反落伍、反浪費是也，而與總統提倡之勤儉建國運動必須具有之精神點正相合，然此點等於口號標語，要在實行方能得其效果耳。

三、靜思常得真理，惟頭腦冷靜在詳思之後方可收魯莽以從事。

一、研究匪情與剿匪戰術
二、研討如何提高士氣與訓練官兵剿匪技能
三、關於實施總體戰之研討
四、不斷對自己學問道德之進修加勉
五、繼續施行早晚之室內健身運動

一九四八年十月

本月大事預定表（十月份）民國三十七年

一、檢視各特種部隊內務
二、主持本部部務會報
三、招待台灣慰問團並接受其獻旗
四、對第十三兵團第八軍官佐點名訓話
五、參加各項晚會
六、擴大國慶慶祝開會、閱兵、聚餐、演劇
七、檢視第二兵團
八、舉行慶祝杜母高太夫人七十壽誕晚會
九、召見本部各單位新進官佐

十、主持戰地參謀教育隊開學典禮
十一、檢視第七十二軍
十二、主持本部作戰會報
十三、主持本部週會
十四、主持政委會第一次委員會議
十五、對步兵支隊整訓會議致訓
十六、檢視一〇七軍

十月一日、星期五、雨、67°、民國三十七年

（自本日起時鐘撥遲一小時，恢復正常時間）
一、接見周永年等，邀周開成等午餐
二、到立達路應子清、一予邀晚餐

九時鄧處長翼鵬偕申浦路副局長周永年來見（並持有墨三介函）。十時前第二訓練處補給組組長謝參莊來見，報告前修建九里山營房事。十二時邀第八軍周副軍長開成、第42師師長石建中、新20師師

長孫進賢、馮視察官繼異四人同進午餐。十七時卅分主持本部作戰會報。十八時卅分偕芬赴立達路應子清、一予邀晚餐至十九時五十分返寓。

十月二日、星期六、雨、66°、民國三十七年

一、接見于兆龍、陳純一並邀周永年等午餐

二、主持作戰會報及參加本部週末晚會

九時廿分45師師長于兆龍移防蚌埠經徐來見，繼召見前第六綏區諮議陳純一。十二時邀津浦路局副局長周永年、前第二訓練處補給組謝組長參莊同進午餐。十七時主持本部作戰會報。十八時廿分杜副總長光亭自商邱返部。二十時偕芬、莊並攜鄖兒參加本部週末晚會，觀電影、平劇及聽大鼓至廿二時四十分返寓。

（匪方廣播佐民在昌樂境內被俘，聞之愴然）

上星期反省錄（九月二十六日至十月一日）民國三十七年

一、上級不把握戰機運用戰略戰術，一旦部下失敗或傷或死或俘，此上級之罪惡不能全諉之部下之無能，奈何迄不反省覺悟而猶堅持其一貫遲疑被動之作風，為其部下者誠不知知其死所，無怪士氣各江河之日下也。

二、勇敢果決為指揮官之勝利作風，反之未有不遭失敗者。

本星期預定工作課目

一、檢視各特種兵部隊內務

二、主持本部第十四次部務會報

三、招待台灣慰勞團並接受其獻旗

四、對第13兵團第八軍官佐點名訓話

五、與高級將領及幕僚長商討軍事

六、接見72軍高級軍官及皖北各縣長

七、參加中山堂政工處歡迎軍事督導組遊藝會

十月三日、星期日（朔）、上午晴、68°、民國三十七年

一、與楚箴、光亭、樹正等研究軍事問題

二、參加中山堂之政工處遊藝大會

十時擬委第三處中校附員杜顥程照規定來見，又趙一峯在部同進午餐。十時三十分召集楚箴、光亭、樹正、笠夫、岐吾等在圖室研究本戰區未來軍事問題。十二時回寓午餐，餐畢理髮至十四時偕芬攜鄒兒赴中山堂參加政工處歡迎國防部軍事督導組遊藝會，有口技、歌詠、話劇、平劇等至十七時卅分返寓。十四時卅分派光亭赴北平謁總統。十八時四十分偕芬及鄒兒到子清處晚餐。

十月四日、星期一、晴、67°、民國三十七年

一、送芬等乘機赴滬

二、接見瑤階、仰之、昆林等

因芬等須侯機赴滬之故，於六時即起，侯至八時卅分方得機場準備起飛之信，乃偕子清送芬、莊

（唐志華與俱）同到機場乘空運隊便機飛滬，約九時許起飛，晚接滬電話於十一時許到達。余返部後接見楊桂森。十時廿分程昆林來見並邀於十二時同進午餐。十五時十五分李瑤階來見，繼張執東來見。十五時五十分馮仰之來見，報告徐州城防交接情形。

十月五日、星期二、晴、74°、民國三十七年

一、接見辛文銳、楊煜民、孟廣珍等

二、邀楊植、趙克非共進午餐

九時五十分防空處長辛文銳偕空軍高射砲第二團團長楊煜民來見，繼富聖廉來見。十二時邀楊團長植（鐵道第二兵團團長）、趙克非（鐵甲車第二總隊）共進午餐。十五時五十分山東省軍管區副司令孟廣珍由濟突圍到徐報告經過。十七時廿分主持本部作戰會報。廿時彭東發偕李曉之由蚌來見即往官邸。

十月六日、星期三、晴、75°、民國三十七年

一、檢視砲、工、通各特種部隊計畫內務

二、主持本部第十四次部務會報

八時四十分李正先偕龍韜來見，繼李玉堂偕尹重儀（立言華夏日報社長）來見。九時偕吳處長劍秋、胡處長佛、葉課長明德等赴砲十三團、工二團、砲四團、高炮二團及通八團檢視內務至十一時四十分返。十二時十分傅立平由京來見，繼周師長志道、周處長更生來見，邀同進午餐。十五時卅五分主持本部第十四次部務會報。十七時四十分子亮（劉汝明）奉其太夫人由汴乘鋼甲車抵徐，余親往東站歡迎並邀子亮到寓晚餐，光亭、楚箴、樹正作陪。十九時卅分邀子亮到本部圖室研究作戰計畫。廿一時余邀東發、樹正到部一敘。杜光亭於十四時乘機返徐。

十月七日、星期四、晴、74°、民國三十七年

一、檢視裝甲、炮兵、鐵道兵、輜汽兵、工兵團

二、接見台灣慰勞團並招待其晚餐

九時偕吳處長劍秋、葉課長明德等檢視裝甲炮兵團、鐵道兵第二團、輜汽兵廿二團、工兵第一團內務，至十一時返部。十六時台灣慰勞團黃登聯、黃震球、陳天順、李君曜、許世賢、邱章及中央杜記者余滌之、張沅吉、特勤署科長楊易德、政工局科長麻生哲十人來見，並為攝照片多幀。十八時在本部大禮堂招待台灣慰勞團晚餐，子亮、仰之、光亭、煥然、楚箴等作陪。廿一時卅分治伏自京到徐來見，定次晨返京飛粵。

十月八日、星期五（寒露）、晴、77°、民國三十七年

一、與高級將領及幕僚長商討軍事

二、對十三兵團八軍官佐點名訓話及接受台灣慰勞團獻旗

九時總統特派戰地視察十一組組長覃異之來見。十六時周偉龍來見，繼楊樹誠來見。九時廿分召集本部副總司令參謀長副參謀長、有關作戰處長、各兵團司令、前進指揮部參謀長等在啚室商討此次對匪作戰事宜，余並予以指示。十一時廿分赴中山堂對十三兵團第八軍上尉以上官佐點名訓話至十二時卅分返部，適孫元良到，並邀同邱清泉、覃異之等同進午餐。十四時廿分台灣慰勞團在本部大禮堂向余及陸

空各高級將領獻旗，余代表致答詞。十五時台灣慰勞團乘機飛平，余親送別。廿時參加本部晚會，為技術表演及平劇，至廿二時五十分散。

十月九日、星期六、晴、80°、民國三十七年

一、接見72軍高級軍官及皖北五縣長
二、邀中央派來之救濟人員午餐

八時傅立平來見，並以致劉、壽各一函攜往。九時廿分余軍長錦源率其參謀長許亞殷、師長陳漁浦、譚心來見，繼吳士恩、青德馨來見。十時十分金振偉來見，繼孟壽在、周德生先後來見。十二時邀秦受、婁志中、宋自新、李良鵬、吳人俊、侔登（以上皆辦救濟者）、覃異之等同進午餐。十五時卅分山東省軍管區副司令李維民來見。十六時子清偕三綏區黃處長（涴筠）率蒙城縣長秦曉農、鳳陽縣長江堅恕、德遠縣長龍躍烈、和縣長蔣正倫、渦陽縣長丁卿衡來見。十六時魯十四區專員張景月來見。十七時卅分主持作戰會報。十九時劉銳來見。廿一時滌寰來見。

上星期反省錄（十月三日至十月九日）民國三十七年

一、軍事之機微繫於一念，苟有一念之差為政治無窮之憂。政治牽制軍事固不可，而最高統帥不予前方指揮官以獨斷之權尤為失敗之根源。日喊主動機動而事事干涉掣肘，豈非縛其兩腳尚令其賽跑決勝耶，寗有此理。

二、事與逆意，撫時生感，寢食難安。年將花甲，馮唐易老，更知為人之不易。

本星期預定工作課目

一、擴大慶祝國慶開會、閱兵、聚餐、演劇

二、檢視第二兵團

三、宴美顧問團到徐團員

四、舉行慶祝杜母高太夫人七十壽誕晚會

五、召見本部各單位九鼎新進尉級官佐

六、參加戰一團火牛劇隊招待總部同人，晚會演話劇「精忠報國」

十月十日、星期日（上弦）、晴、82°、民國三十七年

一、慶祝國慶閱兵開會聚餐及演劇

九時卅分在老飛機場主持徐州各界國慶紀念會，到步、炮、工、戰車各部隊萬餘人，警察隊、自衛總隊千餘人，各界代表及學生兩千餘人。先舉行閱兵式，繼開慶祝會至十二時廿分返部。十三時在本部禮堂邀請本部處長以上，各部隊團長以上及徐州黨、政、民意機關正副主官聚餐，共計萬餘以上。兩會余均致詞。十八時卅分召集隨往第二兵團檢視官長，指示應注意事項。二十時在本部禮堂舉行慶祝國慶晚會，演川劇、平劇，為72軍及七兵團演出至廿四時畢。

十月十一日、星期一、上午晴、下午陰、80°、商邱、民國三十七年

一、接見陳陶等及主持本部週會

二、由徐乘火車西行檢視第二兵團

七時十分騎一旅旅長陳陶來見，繼信孚中來見。九時主持本部週會由辦公室文書科科長鄧百丈報

告，繼由余訓話誦讀軍人讀訓，及由吳處長一舟誦讀官兵剿匪問答，至十時卅分散會。

十一時接見十二綏區秘書長羅潔瑩，並邀同午餐。十二軍參謀長藍英亦共午餐。十三時二十分率吳處長劍秋、左副處長偕東、程高參炯等十六員乘車西行，陳紹平、吳士恩同行。十六時卅分過碭山晤舒榮、于一凡，於十八時卅分到達商邱。雨菴率其高級將領及儀隊到站歡迎，旋乘汽車到博愛南街招待所。廿一時在商邱中山堂舉行歡迎晚會，為平劇，至廿四時畢。

十九時廿分接見專員薛受雲、縣長任邦、縣議長任時培、縣書記長蔣正亮、警局長李二葵等。

十月十二日、星期二、陰、71°、民國三十七年

一、檢視第二兵團參觀其實彈演習

二、與團長以上開座談會並觀其晚會

八時第二兵團舉行士兵射擊比賽，余親往參觀至十時卅分畢，繼到朱集74A軍部午餐。十二時五十分在商邱飛機場檢視第二兵團5、70、74各軍部隊，到官一二三五名，兵二一五三二名。閱兵後召班長以上集合，營長以上點名全體訓話，並對射擊比賽優勝士兵發獎章獎狀，至十五時畢。十六時赴飛機場

東端鄒莊附近參觀45旅135團之村落爭奪戰實戰演習，至十七時返招待所。十八時召團長以上開座談會，廿時卅分參觀二兵團歡迎晚會，為平劇，至廿三時畢（本日天氣驟寒士兵著棉衣）。

十月十三日、星期三、晴、76°、民國三十七年

一、由商邱到碭山檢視十二軍後返徐

二、在部宴美軍事顧問團到徐人員

八時余等乘火車自商邱東開，二兵團高級將領率儀隊到站歡送，雨菴隨余即碭山，於十時四十分到達。舒軍長榮去站歡迎，旋下車入城到十二軍軍部休息並進午餐。十二時四十分在碭山車站附近空地檢視十二軍直屬部隊及112師（欠一團），計到官一一二員，兵五六三〇名。閱兵後向到場官兵全體訓話後上車東開，於十七時卅分到達徐州東車站。十九時在大樓圖室宴請美軍事顧問團佛瑞德上校、華德中校、偉柯中校、白瑞少校及克斯遜上尉。

十月十四日、星期四、晴、78°、民國三十七年

一、接見東從等及邀吳士恩等午餐
二、舉行慶祝杜母高太夫人七十壽誕晚會

十時富參議聖廉偕本期同學張寄賓來見（退役少將）。十時廿分王東從來見。十二時邀吳副局長士恩、青處長德馨共進午餐。十五時廿分100軍秘書尹欽衡來見。繼龍揚清、余明章來見。十六時赴市銀行訪東從未晤。十六時廿分前84師465團長王從來見。十七時卅分主持本部作戰會報。廿時在本部禮堂舉行慶祝杜母太夫人七十壽誕晚會，與本部官佐向之祝壽及觀平劇。

十月十五日、星期五、晴、82°、民國三十七年

一、接見米文和、劉南君等並邀同午晚餐
二、召見本部各單位九月份新進尉級官佐

零時卅分於晚會散後到辦公室晤壽森、蓋彼與其父南君由滬於晚車到徐者也。九時米師長文和偕其副師長宋西箴來見。九時卅分在大樓圖室召見本部各單位九月份新進升級官佐胡鶴等廿五人。十時劉南君、汪嘯水來見。十一時李廳長泰華、王處長平一來見，繼河南省參議員呂薀儒、范天錫、周玉瑞、孔令誠、趙培五為開封防務事來見。十二時邀米文和、宋西箴及壽森共進午餐。十七時穎上指揮所王超俊、策反專員梁光宇同來見。十八時卅五分在官邸邀南君及汪嘯水、壽森晚餐，耕陽、印靈、子清作陪，至廿時散。

十月十六日、星期六、晴、75°、民國三十七年

一、接見李博文、佛瑞德、任培生等

二、參加火牛劇隊招待晚會看「精忠報國」話劇

十時壽森偕汪嘯水到部為峙攝影，繼接見楊月臨。十時五十分子清偕美籍紐約時報記者李博文、佛瑞德、華籍江瑞熙來見，談約半小時始去。十一時零五分任培生、孫良誠來見。十二時邀王平一、李泰華同進午餐。十五時廿分主持作戰會報。十六時接見十二軍參謀長藍英。十九時卅分到中山堂參加戰車第一團火牛劇隊，招待總部同人晚會演話劇「精忠報國」，至十一時劇終返部。

上星期反省錄（十月十日至十月十六日）民國三十七年

一、本來佈置好的事忽來一個變化，未免大傷腦筋。天下不如意的事常十之八九，惱不得許多，久之當成一個痲木的人，蓋所受刺激過多也。

二、看武裝同志，看青年有為之人蓬蓬勃勃一往無前，頓不覺自身之衰老，較之獨坐一室悶悶不樂其氣象好多矣。

本星期預定工作課目

一、主持戰地參謀教育隊開學典禮

二、檢視第72軍

三、慶祝招園中學校慶召各校友聚餐

四、主持本部作戰會報

五、為邱清泉升代第二兵團司令佈達

六、參加本部晚會

十月十七日、星期日、晴、76°、民國三十七年

一、接見王武峯、張翼三夫婦等
二、到劉子清處晚餐

十時零五分招中學生中山大學畢業王武峯來見。十二時十分邀工一團團長周价、通八團新任團長彭應庚共進午餐。十六時廿分舒參謀長適存來見。十七時卅分應子清邀到立遠路晚餐，主客為劉南君，次為汪嘯水、劉壽森，而由印靈、耕陽、鶴軒作陪至十八時卅分，到官邸晤張翼三夫婦，蓋彼等自豫來徐將赴京。二十時章副參謀長笠夫由京返來見報告一切。

十月十八日、星期一、晴、76°、民國三十七年

一、主持戰地參謀教育隊開學典禮
二、邀柳鴻翰午餐及接見余錦源

壽森、于隆同早餐後赴京。七時五十分赴官邸陪同張翼三夫婦進午餐，子清、樹正、笠夫、歧吾、

一予等作陪。餐畢赴九里山西營房本部幹訓班主持戰地參謀教育隊開學典禮，到參教隊教官六人，學員廿五人，幹訓班官長四十八員，學員四六七人。余對參教隊學員點名訓話，並對幹訓班學員訓話至九時四十分返部。十時零五分接見周偉龍。十二時邀汽28團團長柳鴻翰、監察組王組長尊五、巡迴參謀教育組魯組長若參共進午餐。十六時接見余軍長錦源。

十月十九日、星期二、晴、75°、民國三十七年

一、檢視第七十二軍點名訓話
二、接見邱清泉、吳家堯、李宏毅等

八時五十分南君返滬來辭行，當轉致芬函予之。九時偕樹正、笠夫、劍秋等到舊飛機場檢視七十二軍官九七四名，兵一五四八六名，對上尉以上點名後訓話至十時四十分返。十一時卅分吳家堯、戴堯天、蔣蘊青、侯瑞垣來見，皆新到職者也。十二時邀羅副署長培生、本部政工處第二科科長吳家堯同進午餐。十六時左翰如來見，繼張新嘉、李宏毅來見。十七時譚輔烈偕余錦源來見。十七時十五分邱清泉偕陳副軍長德謀來見。十七時廿分主持本部作戰會報，邱清泉、陳德謀參加。十八時接見何委員佛清及朱廳長佛樂，並邀共同晚餐。

十月二十日、星期三、晴、72°、民國三十七年

一、與樹正、雨菴等研討軍事

二、為祝桂校校慶召集桂校師生聚餐

九時在大樓圖室召集樹正、笠夫、文浩、雨菴、德謀、鏡如、家鈺、輝南等商討軍隊部署各事，至十一時畢。十一時二十分接見葛崐山，繼接見米文和。本日為桂園中學校慶，余於十二時在興仁巷官邸召請校旅徐師生聚餐予以訓詞，並攝影留念。（共到校董麻慰若、教師鄒大愚、學生林政階等共十二人），至十三時廿分盡歡而散。十五時主持本部第十八次部務會報。十六時四十分平安國、朱興復、袁心蘇來見，繼胡霖來見並邀同晚餐。

十月二十一日、星期四、晴、75°、民國三十七年

一、接見孫良誠、孫元良、趙一峯等

二、主持本部作戰會報

九時十分接見商邱縣長任邦。九時五十分107軍軍長孫良誠率該軍261師師長孫玉田、副師長稽燦華來見。十時卅分魏參謀長翔（鴻飛）來見。十一時十分孫司令官元良來見。十一時卅分徐樹南來見。十二時邀孫良誠、孫玉田、稽燦華、任邦共進午餐。十七時主持本部作戰會報。十八時與趙一峯、魏鴻飛共進晚餐。十九時卅分接見李炳仁，繼接見趙一峯。

十月二十二日、星期五、晴、75°、民國三十七年

一、乘火車赴碭山為邱雨菴佈達
二、接見杜鼎、趙一峯

八時岐吾偕杜鼎來見，繼赴東車站登車西行，至北車站任縣長邦上車附乘到商邱，至黃口高軍長吉人率其師長鄧軍林、唐化閭、龔時英等附乘，於十一時卅分到達碭山。邱雨菴率熊、邱、舒、周各軍長及儀隊到站歡迎，下車後同乘吉普到兵團司令部午餐。米文和及劉子仁亦在碭山晤談。十三時廿分在碭山車站西北廣場主持邱雨菴升代兵團司令官佈達宣誓典禮及團長以上軍官剿匪戡亂宣誓，余致訓雨菴答詞，至十四時四十五分禮成。余十五時十分乘專車東返，至十七時廿分到達徐州車站返部。廿二時卅分趙一峯來談。

十月二十三日、星期六（霧降）、陰夜小雨、74°、民國三十七年

一、接見羅潔瑩、曾蔭槐、文強等

二、主持本部作戰會報及參加晚會

（聞鄭州於昨夜被陷、李振清下落不明）。九時富聖廉來見，繼王尊五偕羅潔瑩來見，又曾蔭槐來見。十二時邀趙副司令子立、曾團長蔭槐、袁專員以蘇、王參謀長英俊、葛代表崐山同進午餐。十六時四十五分前進指揮部副參謀長文強來見。十七時主持本部作戰會報。廿時十分參加本部晚會，節目為舞蹈、魔術、雙簧、相聲、平劇。平劇以俞硯霞所演之「紅娘」甚為精彩，至廿三時畢。

上星期反省錄（十月十七日至十月二十三日）民國三十七年

一、一方要集結兵力以應付匪之主力，一方又要困守城池勢難兩全。鄭州之失為意中事，不過李振清之部署未將重點置於鄭州而急之於豫北，宜其兵力分散而不能運用自如，致使重傷可謂惋惜。

二、能見其遠大而立得住腳跟，誠非修養湛深者難於做到。

本星期預定工作課目

一、主持本部週會
二、檢視本部官佐晨操
三、主持政委會第一次委員會議
四、主持本部第十七次部務會報
五、對步兵支隊整訓會議致訓
六、赴雙溝鎮睢甯對107軍檢視並召集睢甯縣官紳訓示
七、主持本部作戰會議

十月二十四日、星期日、陰雨、72°、民國三十七年

一、接見何佛清、丁治磐等及往訪丁治磐
二、邀何復、周傳家共進午餐

八時政委會何委員佛情由京來見。九時江蘇省主席丁治磐偕其參議張家起來見。十時73師曹師長振鐸偕整二師田參謀長豫生由濟突圍到京來見，又周團組長芸繁來見。十時卅分由鄭移徐之迫砲十四團

團長于德源、工九團團長裘樹凱、砲九團團長李璧來見。十二時邀政工處何科長復、周專員傳家同進午餐。十五時卅五分赴江蘇省銀行訪丁主席治磐，並在該行與主席及李彌同攝一影。廿二時韓楚箴回部來見，繼郭一予來見。

十月二十五日、星期一（下弦）、上午晴、下午陰、73°、民國三十七年

一、主持本部週會並接見劉佐人等
二、邀丁治磐、楊宗鼎等午餐

九時主持本部週會到官佐二五七員，由總務處胡處長佛作工作報告至九時五十分禮成。十時劉永焜來見，繼朱嶽來見，十時四十五分陳總局長豐嶺來見。十一時政委會委員劉佐人來見。十二時十分邀丁主席治磐、楊副司令宗鼎、唐師長振鐸、田參謀長孫生共進午餐，餐畢略談而別。十六時接見十二綏區參謀長李茂春、秘書長羅潔瑩。十六時卅分巡視通三團二營營部，銅山縣黨部獨警營等處。十八時五十分何佛清偕王叔惠來見。十九時廿分趙一峯自碭山返徐來見。

十月二十六日、星期二、陰雨、晨落雪、67°、民國三十七年

一、檢視本部官佐晨操

二、接見陳章等並應一峯邀晚餐

七時至本部大門視官佐操練國術，僅到十二人，乃令到禮堂操作至七時卅分畢。九時胡軍長長青來見，繼接見孔顯達。十時十分接見山東警保專員史耀東。十時卅分新任63軍軍長陳章及152師副師長任少武來見，繼接見周志道。十二時廿分邀陳泮嶺、何佛清、于德源、李璧、裘樹凱共進午餐。十五時余錦源來見。十六時五十分徐月祥到徐來見，留住本部。十七時主持本部作戰會報，月祥參加。十八時應一峯邀到興仁巷本寓晚餐，至廿時五十分返部。

十月二十七日、星期三、陰雨、55°、甚冷、民國三十七年

一、主持政委會第一次委員會議

二、主持本部第十七次部務會報

八時與徐月祥共進早餐，餐畢與余錦源、周鑫、趙志華、曾蔭槐及李樹正等在圖室在圖上研究徐州防守工事及戰車使用法，旋月祥等即往視察工事。九時文副參謀強來見，繼赴本部會議所主持本部政委會第一次委員會議至十二時散會。十二時十分邀史耀東、劉佐人、何佛清、王叔惠同進午餐。十五時主持本部第十七次部務會報。十九時在總部大禮堂召開政委會第一次會議。廿時邀同月祥參加晚會，旋峻峯及夏劍鳴（河南人，市府秘書長）亦到，演出話劇及平劇，至廿時十分散。

十月二十八日、星期四、陰晴、57°、民國三十七年

一、對步兵支隊整訓會議致訓

二、邀鄧百丈、黃天茂午餐，月祥晚餐

八時四十分212師師長金定洲來見。十時唐副處長志華來見，當予訓誡。十二時十分邀鄧課長百丈、黃參謀天茂同進午餐。十四時對各步兵支隊整訓會議全體出席人員點名訓話及致訓，其會議囑由章副參謀長毓金主持。十七時主持本部作戰會報。十八時卅分邀徐司令月祥同進晚餐。

十月二十九日、星期五、上午陰、下午晴、59°、睢甯、民國三十七年

一、赴雙溝鎮及睢甯縣檢視107軍
二、在睢甯縣府召見各機關團體官長予以訓示

八時廿分余率吳處長劍秋、葉課長明德、熊課長建秋、李課長鳳威等赴雙溝鎮及睢寧檢視107軍所屬各部隊，主委韓振聲同行。十一時卅分到達雙溝，孫軍長良誠及261師師長孫玉田副師長嵇燦華率儀隊在鎮口歡迎。到261師師部略事休息即赴該鎮東南部廣場檢視該師，計到官三〇五員，兵四八五〇名。閱兵及對官長點名問答後訓話至十三時卅分畢。十四時卅分偕孫軍長等乘車啟程至十七時廿分到達睢甯城。260師師長王清翰率睢寧各機關團體代表在城郊歡迎，到睢甯縣府休息至十七時四十五分至睢甯城西南郊檢視107A直屬部隊及260D，官四五六員，兵五三三〇名問答，對全員點名後講話至十九時返。廿時在睢甯縣府召見各機關首長並予訓示一切。廿一時十分到107軍軍部參觀該軍歡迎晚會，節目為歌曲、話劇、平劇，至廿四時返縣府休息。

十月三十日、星期六、晴、59°、民國三十七年

一、在睢甯檢視107軍畢返徐
二、主持本部作戰會報

八時十分在睢甯縣府與孫軍長良誠、韓委員振聲等進午餐後啟程返徐，107軍各將領及睢寧縣各機關團體代表均在縣府門前歡送。十時卅分經雙溝孫師長玉田率儀隊在鎮口路側歡送，余下車與之晤談後繼續向徐州前進，至十三時卅分抵部。十三時五十分與吳處長劍秋及107軍副參謀長趙一雪同進午餐。十七時主持本部作戰會報。本夜與白健生、顧墨三、周至柔通電話。

十月三十一日、星期日、晴、60°、民國三十七年

一、在大樓啚室召集徐州守備會商
二、接見羅震、劉晴初、劉紫劍等

九時在大樓圖室召集余錦源、周鑫、周价、本部副參謀長以上及有關人員並請徐司令月祥參加，舉

行徐州守備會商至十一時散會。十一時十分羅振、高應篤、鄧祥雲（豫建所長）來見，繼劉晴初來見。十二時十分邀羅震、高應篤、鄧祥雲、劉晴初共進午餐。十六時接見山東保安副司令劉紫劍，繼接見于城、胡家欒。

上月反省錄（十月份）

一、中國人熟面苦臉，外國人亦熟面苦臉，其故何哉。中國不太平世界亦未安全耳。欲求中國太平世界安全只要除一私字即可。中國人自私，故有弄權專制之現象，外國人自私，故有鐵幕侵略之現象。苟能除此私字，則中國太平世界安全矣，豈不休哉。

二、凡事都想不開，總是多熟多慮，謂之心窄，余即有此現象，可謂心窄者矣。反之海闊天空到處皆春無憂無慮，此可謂之心寬人。心寬是何優美境界，余甚望之，恨欲達而未能。

一九四八年十一月

本月大事預定表（十一月份）

一、檢視本部補訓總隊
二、主持第二兵團幹訓班開學典禮
三、主持戰地參謀教育隊第二期開學典禮
四、檢查重迫炮十三團、鐵甲車第二總隊、通三團內務
五、主持本部部務會議
六、主持本部作戰會報
七、主持本部週會
八、到空中視察並與煥然通話
九、赴前線視察

十、到各醫院慰問負傷官兵
十一、對第39軍官兵訓話
十二、歡迎中外記者團及第一、二慰問團到徐，並致辭
十三、與各將領商軍事部署
十四、由徐飛蚌指揮
十五、接見蚌埠地方官紳

十一月一日、星期一（朔）（日全食）、上午晴、下午陰、60°、民國三十七年

一、檢視本部補訓總隊
二、主持二兵團幹訓班開學典禮

八時五十分率吳處長劍秋、葉課長明德等赴補訓總隊檢視，並對上尉官佐點名全體問答及訓話至十時廿分返。十一時邱清泉、李正先、胡長青來見商軍隊部署事並邀樹正參加，旋與顧總長通話。十二時十分邀劉副司令紫劍、政工處專員蔡林、王任孟、吳家琛四員共進午餐。十五時十分接見楊蔚後赴中山

堂主持第二兵團幹訓班開學典禮（實到學員一五〇員，學生一八六八名），至十五時五十五分返部。十六時十五分張子春、張善俊，繼接見蕭傑。十七時接見山東警保處長史耀東、專員王共九、晁廣順、平安國、張棹材、朱世蘭。

十一月二日、星期二、晴、60°、民國三十七年

一、主持戰地參謀教育隊第二期開學典禮

二、接見邵鴻基、邱維達、韓振聲等

八時十分偕吳劍秋、徐之重等到幹訓班主持該班參謀教育隊第二期開學典禮，至八時五十分禮成。繼赴九里山視察工事並在其以南勘察機場情形，至十時十五分返部。十時廿分邵鴻基來見，繼劉雨民、任邦來見。十一時廿分邱維達、李仁俊、張梓材、朱世蘭、張之春、楊蔚共進午餐。十五時零五分于兆龍來見，繼韓振聲來見。十七時主持本部作戰會報。

十一月三日、星期三、晴、61°、民國三十七年

一、檢查重迫砲十三團、鐵甲車第二總隊、通三團內務
二、主持本部第十八次部務會報

八時卅分偕吳劍秋、葉明德、熊建初、王澄、李鳳威等檢查駐徐之重迫砲十三團、鐵甲車第二總隊、通三團內務至十一時返部。十二時邀政工處專員張鵬鼎、胡炯心、俞慶瀛共進午餐。十五時廿分主持本部第十八次部務會報至十六時五十分散會。十七時接見莫局長衡、吳副局長士恩及青處長德馨商隴海東段修理事。十八時五十分龍蹻來見。十九時十分子亮由商邱來見，繼仰之、雨菴、炳仁、元良、志堅、李鷗等及本部副參謀長以上去圖室談商軍事問題。

十一月四日、星期四、晴、62°、民國三十七年

一、歡迎顧總長來徐
二、在部開會、聚餐、晚會

八時五十分印靈偕何副廳長志浩來見，繼聯勤總部吳副參謀長光朝來見。十時廿分偕樹正赴機場歡迎顧總長墨三，至十一時顧偕郭廳長汝瑰、曾副主任振等乘建國號專機自京抵徐。下機後偕赴總部稍息到會議室對軍長以上訓話（共四十餘人）至十二時卅分畢，到大禮堂聚餐。十三時在大樓啚室舉行軍事會報至十八時畢，邀與會諸人晚餐。十九時卅分在官邸接見39師參謀長李雲電，廿時陪同墨三參觀。歡迎晚會演平劇至廿三時十分終。十九時在官邸接見呂分監敦毅（繼與墨三及汝瑰、樹正、笠夫在大樓房側研究軍事重要問題）。

十一月五日、星期五、晴、62°、民國三十七年

一、送顧總長乘原機返京

二、接見司元愷、閻章甫、王茂生等

八時到部與墨三、汝瑰等早餐後即召集各兵團司令、樹正、笠夫、汝瑰在大樓辦公室研究重要問題，事畢墨三召集各軍師長在大樓圖室談話至十二時卅分畢，邀在部午餐。十二時偕墨三到機場仍乘建國號飛機返京，各高級將領均到送行。十七時接見司師長元愷、李參謀萬里，繼接見安陽代表閻章甫、王茂生並邀同共進晚餐。十九時接見楊春曦。

十一月六日、星期六、晴、61°、民國三十七年

一、召集本部各單位商議人及物後運事
二、主持本部作戰會報

九時召集本部各單位主管及補給區劉司令輝南商議人員、物品後運事宜。十二時邀十綏區秘書長周德先、二兵團參謀長李漢萍及演劇十三大隊長王生春共進午餐。十四時卅分子亮偕仰之來見密陳張克俠[66]新往前方。十五時昆林來見報告赴安陽督運國軍經過。十六時豫十二區專員王冠五來見，繼毛人鳳來見。十六時卅分主持作戰會報。十七時四十分鄧處長良生來見。二十時參觀本部晚會為平劇，至廿三時劇終。

上星期反省錄（十一月二日至十一月六日）

一、國民黨與共產黨之爭事事落後，失敗者非主義不好而實黨員無革命精神不能奮鬥之故。人人都

[66] 張克俠（一九〇〇－一九八四），河北獻縣人。一九二三年保定軍校畢業後入馮玉祥部隊，一九四八年任徐州剿總第三綏靖區副司令，同年十一月與何基灃在賈汪防地叛變，撕裂國軍防線。

做表面功夫所媚領袖一人而實際則一切皆空，以空虛如紙老虎與異黨鬥爭自難免於顛僕之厄運。即今覺悟已過遲，況仍無覺悟歟，真險。

二、一切以悠然之態度處之，未始非做人之一法。

本星期預定工作課目

一、主持作戰會報

二、主持本部週會

三、到荊山橋一帶視察

四、頒佈徐州戒嚴令

五、接受徐州各界代表致敬

六、派吳處長一舟主持徐州總理誕辰紀念會

十一月七日、星期日（立冬）、晴、60°、民國三十七年

一、接見楊嘯天夫婦等並招待之

二、九時主持作戰會報

楊監委嘯天夫婦偕田參議安邦、王代表寄一由京來見，在部早餐後由胡處長印靈陪同到雲龍山遊覽，十二時在寓所邀楊嘯天等午餐。十六時主持作戰會報。十八時三十分在寓所招待楊嘯天夫婦、田治伏、王寄一晚餐，請馮仰之、劉子亮、楊鶴軒作陪，至十九時廿分散席。

十一月八日、星期一、陰、60°、民國三十七年

一、主持本部週會及接見吉甫等
二、第三綏區之大部軍隊於本日叛變

八時余到寓所陪同嘯天夫婦等早餐餐畢返部，繼主持本部週會未終席，因接南京顧總長電話而退，請由報告人吳一舟代為主持。九時卅分李吉甫由東海返徐來見。十三時卅分接見趙子立，繼接見司元愷。十五時十五分陸總派來計畫二事人員傅先軍、姜樞齡、趙滌非來見。十六時主持本部作戰會報。十八時李誠一來見。十八時卅分59軍余昌儀、董正純兩參謀來見，報告該師叛變情形。

十一月九日、星期二（上弦）、陰、59°、民國三十七年

一、接見陳維新、霍靜齋等

二、到荊山橋一帶視察

九時卅分59軍132師政工處主任陳維新、396團中尉書記榮耀來見，報告該師叛變經過。十三時108師參謀長霍靜齋、上尉參謀李孟以、519軍軍部中校參謀于蓍占來見，報告該部叛變情形。十四時廿分赴徐州東北荊山橋一帶視察軍隊防守情形至十六時廿分返部。十六時卅分徐州市長張希道來見。

（黃口之捷[67]）

十一月十日、星期三、陰、59°、民國三十七年

一、杜光亭由京來徐、馮仰之由徐赴京

67 黃口鎮在今安徽省蕭縣境內，離徐州不遠，戰鬥經過參見本書頁三一七。

本日竟日與各高級將領及幕僚長在啚室商討作戰事宜及指揮作戰。十五時本部舉行第十九次部務會報因作戰事不能離開派一予代為主持。十八時卅分光亭偕適存自京飛到徐，樹正到機場歡迎，偕返部後與邱清泉等在辦公室研討作戰計畫。蔣緯國亦由京到來見。馮仰之乘光亭來機赴京。

十一月十一日、星期四、59°、民國三十七年

一、本部頒佈徐州戒嚴令實行戒嚴

二、接受徐州各界代表四百餘人之致敬

徐州已進入戰爭狀態，本部頒佈戒嚴令，自本日正午起徐州市郊均實行戒嚴（以譚輔烈兼司令）。十一時五十分徐州各界代表四百餘人由張市長、楊議長率領遊行擁護國軍作戰，到總部門前空地向余致敬。余當時之訓話說明國軍對奸匪之進犯確有必勝把握理由，並勉市民確守秩序協助國軍，至十二時離去。

十一月十二日、星期五、晴、57°、民國三十七年

一、派吳一舟主持總理誕辰紀念會
二、接見孫元良（十六兵團司令）

本日為國父誕辰紀念日，徐州各界於九時在中山堂舉行大會，余因作戰事之故請政工室吳處長一舟前往代為主持。十時十六兵團司令官孫元良率部到徐來見。十四時杜光亭親赴東線指揮作戰。大樓圖室已指定為作戰指揮之臨時辦公室，余每日到該室一望。

十一月十三日、星期六、陰、57°、民國三十七年

一、亙日忙於作戰事宜

本日全時間除食臥外均注集於作戰事務，非有關作戰接洽之人員均無暇見，情形極為緊張。二十時光亭自前方返部商討軍事部署。閱報和中國國民黨中央委員兼政治委員陳布雷於本日服安眠藥逝世，無不為之震悼。

上星期反省錄（十一月七日至十一月十三日）

一、濟南不守東北放棄，奸匪猖狂乘隙而入，外抗頑敵內防反側危險極矣。幸得百僚同心處置迅速轉危為安，然無人不為之捏把大汗矣。

二、徐州會戰關係中華民國之存亡，以我之能力薄弱負此總責惶恐極矣，但身為革命黨人無可推卸，只有操生命盡忠以赴耳。

本星期預定工作課目

一、到東線地面及乘機在空中視察並與黃煥然通話

二、歡迎顧總長等到徐並與商談作戰事宜

三、與各負責將領商定軍隊部署

四、到各醫院慰問負傷官兵

五、接受徐州市長代表祝捷之致敬

六、接見國防部所派來徐視察人員並邀同晚餐

十一月十四日、星期日、上午陰、下午晴、59°、民國三十七年

一、到東線視察並與光亭會晤
二、歡迎郭廳長汝瑰到徐並共商一切

八時卅分余偕第一補給區劉司令永焜赴東線視察，始到古山與光亭會晤後同赴大廟村巡視，後於十二時返部。十三時卅分郭廳長汝瑰自京飛抵徐，余偕樹正、元良赴機場歡迎並與商談匪情及部署，嗣杜光亭亦趕至共商一切。十八時邵鴻基來見面商魯冀團隊去處理事宜。二十時召馮專員子固面詢所部情形。

十一月十五日、星期一、晴、58°、民國三十七年

一、國防部顧參謀總長等來徐
二、召集各兵團負責者商討軍隊部署

七時卅分蔣緯國來見，談使用戰車辦法。十一時十分偕光亭、笠夫赴機場歡迎顧墨三，至十二時其專機降落晤後即偕赴空軍指揮室研究匪情，至十三時卅分乃與乘車返部商討部署共進午餐，至十六時墨

三等離部乘原機返京。郭汝瑰廳長及聯勤部呂參謀長偕來。廿時十分召集李司令官彌、陳副司令官冰、二兵團參謀長李漢萍、十六兵團參謀長張益熙、七十二軍長余錦源及本部幕僚長、高級幕僚等商討軍隊部署，由余及光亭主持，至廿二時散。

十一月十六日、星期二、晴、59°、民國三十七年

一、乘機到東線視察並於碾莊上空與煥然通話

二、到各醫院慰問負傷官兵

九時至九時廿分王軍長長海、李代軍長九思、孫師長正田先後來見。九時卅分偕鄧局長雪冰、章副參謀長笠夫、胡處長印靈等赴機場，於十時〇五分乘專機赴東線碾莊上空視察並與黃司令官通電話（陸空聯絡電話），至十二時返部（飛機駕駛員為賈任浦）。十四時卅分余偕馮岐吾、劉輝南、胡印靈等赴208及207第一醫院慰問負傷官兵，至十六時四十分返部。十九時卅分徐司令月祥偕明處長世勳由京到徐來見，即留住本部。

十一月十七日、星期三（望）、晴、59°、民國三十七年

一、到各醫院慰問負傷官兵
二、接見181師宋副師長西箴

九時卅分余率歧吾、印靈等同赴201醫院204醫院及221醫院慰問負傷官長，並指示醫院應改進事項至十一時返部。十時光亭偕月祥同赴東線視察，至十四時返部。月祥即於十五時赴機場搭機返京。十五時四十分181師宋副師長西箴來見有所指示。邀國防部政工局鄧局長到部住宿。

十一月十八日、星期四、晴、59°、民國三十七年

一、徐州市民代表遊行祝捷後來致敬
二、接見向軍治、仲偉成

昨夜我軍與匪澈夜激戰東南兩方匪各潰逃。十三時胡處長印靈陪同鄧局長雪冰及徐州新聞記者到潘塘鎮以南視察戰蹟。十六時徐州市民及各機關團體代表及學生等共七百餘人列隊遊行慶祝會戰大捷，並

集結於本部門前致敬，余親對訓話後呼口號離去。十九時國防部向副署長軍治、第二廳副處長仲偉成來見。

十一月十九日、星期五、晴、60°、民國三十七年

一、接見國防部所派人員並邀同晚餐

九時卅分在參謀長會客廳接見國防部派來視察人員，第一廳高參吳行中、第二廳副處長仲偉成、參謀陳東之、楊遠助、郭華榮、陳繼平、第三廳副處長胡翔、科長周美化、參謀馬俊國、第四廳副處長葉碧叢、第五廳參謀凃天虎、政工局督察專員粟鐘、聯勤總部副署長向軍治、副司長朱季玉，略與接談後即由歧吾及本部各主管人員與之商談一切。十八時卅分邀以上人員在部晚餐。

十一月二十日、星期六、晴、60°、民國三十七年

一、到飛機場會晤王叔銘、郭汝瑰

二、與杜光亭、李漢萍等商軍隊部署

八時偕光亭、樹正同車赴飛機場歡迎空軍王副總司令叔銘及郭廳長，至九時專機降落邀到空軍指揮室研商作戰事宜，並定陸空聯絡辦法，至十時卅分王等乘原機返京余等返部。十五時與杜光亭、李漢萍、李樹正、章毓金、孫元良等商定軍隊部署。十九時召見72軍副軍長譚心有所指示。

上星期反省錄（十一月十四日至十一月二十日）

一、黃煥然兵團被圍於碾莊附近各村落，雖東進兵團猛力進擊仍未解圍，心殊焦急。

二、布雷先生以身體羸將難荷重任還萌短見，觀其臨死前之遺書井井有條細大不遺，言見其學養之深，國家多難又失哲人，殊為悼惜。

本星期預定工作課目

一、迎晤王叔銘、郭汝瑰商軍事

二、對第39師官兵訓話

三、偕樹正等由徐飛京商軍事部署

四、召集各司令官幕僚長等商定軍事部署
五、歡迎中外記者團及第一、二慰勞團並致詞
六、宴第一、二慰勞團及中外記者團

十一月二十一日、星期日、晴、60°、民國三十七年

一、接見戰地視察官朱吳城等

十六時接見總統特派戰地視察官朱吳城、徐樹南、楊斌、龔厚齋四人，李組長正先亦在座，對彼等略有詢問而散。十九時偕杜光亭召集邱司令官清泉、李司令官彌、孫司令官元良及各幕僚長商作戰事宜。

十一月二十二日、星期一（小雪）、陰、60°、民國三十七年

一、探視周軍長志道
二、迎晤郭汝瑰、王叔銘研究軍事

八時十分偕印靈赴道平路二三四號探視周軍長志道，慰問其負傷並詢其碾莊附近作戰情形，並命印靈購送食物數種。十四時廿分郭廳長汝瑰偕空軍王副總司令自京飛徐，余率樹正、印靈及張副處長偉到機場迎晤，即去空軍指揮室研究匪情，至十六時乘天雄號原機返京。楊獻文、汪蘭生及滌寰搭天雄號隨同到徐。

（黃百韜於本夜由吳莊突圍後自殺）

十一月二十三日、星期二、陰、60°、民國三十七年

一、對第39師官兵訓話

二、子清、馨山飛到徐來見

聞煥然於昨晚六時由吳莊突圍余殊罣念其安全。八時卅分接見徐樹南、朱吳城。九時余偕雪冰（鄧文儀）赴琵琶山東林鹿彭場窩檢視39師，計到官兵四千餘員名（除擔任防務者）。余對營長以上點名後即對全體官兵訓話，繼由雪冰訓話於十一時卅分返部。十六時劉子清、黃馨山由京飛到徐來見。

十一月二十四日、星期三（下弦）、陰、58°、民國三十七年

一、偕樹正等由徐飛京商軍事
二、在京接見鐵心、愷鐘、昆林等

八時到寓所與子清、馨山暢談。十一時卅分余率樹正及印靈、守桓、滌寰等乘C47運輸機自徐州機場起飛赴京，於十二時五十分降明故宮機場，由錢局長壽恒招待到蜀味腴午餐後余偕樹正到國防部，與部長、總長、次長、廳長等商討軍隊部署後於十六時四十分返文佩里休息。旋光亭亦到京。廿一時三十分偕光亭、樹正等仍乘原機飛徐，因無線電聯絡未通，至次日〇時五十分始到（在京接見鐵心、愷鐘、昆林等）。

十一月二十五日、星期四、陰、54°、民國三十七年

一、召集各司令官、幕僚長商定作戰事宜
二、歡迎第一、二慰勞團及中外記者團並致詞

本晨由京飛返徐州後即去總部召集各司令官及幕僚長商討重要軍事部署，至三時半始散。十時四十分南京各界慰勞團自京飛徐，余偕子清、印靈、一舟等前往歡迎。繼京滬中外記者團一行二十七人專機飛徐，余與晤談後即派車送往勵志社休息。十三時廿分上海（第二）慰勞團專機飛徐偕芬同來，余再度往迎於途，同芬返寓。十七時余接見中外記者團並發表談話，廿時接見京滬慰勞團並致答詞。

十一月二十六日、星期五、陰、53°、民國三十七年

一、宴第一、二慰勞團及中外記者團

八時仍到部辦公。十一時卅分返寓所午餐，十四時仍到部辦公。二十時在本部禮堂設宴招待第一、二慰勞團及中外記者團，余與光亭作主人，本部李參謀長樹正、劉秘書長子清、馮副參謀長岐吾、吳處長一舟等均參加，芬亦參加。廿一時卅分章笠夫偕25軍楊廷安來報告黃煥然（黃伯韜）自殺情形、整夜不能入寐。

十一月二十七日、星期六、晴、50°、民國三十七年

一、中外記者團及上海記者團到南正西視察戰鬥情形

二、第一、二慰勞團到各醫院慰勞負傷官兵

中外記者團及上海記者團本日由胡處長印靈陪同到十六兵團南正面視察該兵團戰鬥情形，第一、二慰勞團由張團長道藩及方團長希孔赴徐州各傷兵醫院慰勞負傷官兵。十七時接顧總長電話囑赴蚌埠指揮，余即攜必要辦公人員及吾芬赴機場，登機後因飛機不能起飛仍折返，改明晨再飛。

上星期反省錄（十一月二十一日至十一月二十七日）民國三十七年

一、此次與陳、劉二匪之會戰為黃河南岸空前之會戰，此戰關係黨國之存亡，故全國上下莫不以最緊張之心情注視之。余也適為其領導者甚懼重任難荷，常存臨淵履冰之感。如何能達到預期之勝利，只有咬緊牙關以赴耳。

二、到無辦法時想出辦法，能撐持到最後五分鐘即能得到最後之勝利。

本星期預定工作課目

一、余由徐乘機飛蚌指揮

二、接見蚌埠官珅

三、到九九、三九、五五、五四各軍視察

四、對本部前進指揮部警衛團官兵點名訓話

十一月二十八日、星期日、晴、51°、蚌埠、民國三十七年

一、余率必要人員由徐飛蚌指揮

本部奉令遷駐蚌埠，徐州方面由前進指揮部杜兼主任光亭全權負責指揮。於九時率鄧處長冀鵬及必要人員衛士乘專機由徐飛蚌，芬亦同來。專機經雙淮集上空與黃司令維通無線電話，至九時四十五分抵蚌機場，有于軍長兆龍及笠夫、志堅等來迎，隨即乘汽車到國富路業園休息。鏇子亮亦來見。十五時四十分至十七時卅分接見鄧副參謀長朝彥、唐總監肅、劉師長梓皋（269師）、張師長純（198師）等。陳課長建凱等廿餘人第二批飛機抵蚌。

十一月二十九日、星期一、晴、49°、民國三十七年

一、往訪劉子亮及于兆龍
二、接見蚌埠地方官紳

十時余赴寶興麵粉廠訪劉子亮，略談後復到中正中學訪于軍長兆龍，至十一時返部。十一時卅分接見蚌市長李人翹、安徽省參議員彭琢如、市參議員陳協五、蚌市黨部書記長邵恩、高等院長徐家駒等。十四時接見葛崐山詢地方武力情形。十五時偕芬及馨山到寶興麵粉廠沐浴理髮，至十六時卅分返部。

十一月三十日、星期二、陰、50°、民國三十七年

一、佩芬等由蚌飛返京滬
二、接見張定國等及與子亮、吉甫同商部署

十一時三十分芬偕馨山搭乘231號運輸機飛京余親送到機場，適該機已發動當由空軍站203供應大隊郭分隊長招待急登機後即起飛離蚌。十五時卅分滌寰偕慰若、貢齋、尊三等乘津浦南下快車赴京。十六時

子亮、吉甫同到部會商部署。十五時五十分49師副師長張定國來見，當予指示一切。

上月反省錄（十一月份）民國三十七年

一、上月初與匪戰鬥開始在艱苦奮鬥之下十一月份業已過去，今後即為我軍傾全力以爭取勝利之時。只有猛衝猛打擊潰匪之主力，我能行動自由即屬勝利到臨，此點已嚴切督促行之，蓋奮鬥即生路，否則惟有陷於同歸於盡之悲境也。

二、興奮過度之心情若有不能終日之勢，故失眠減食之痛苦隨之而來。然偶一靜思，惟當沉著指揮以適應戰場之變化，憂慮何為哉，故又為之泰然。

一九四八年十二月

本月大事預定表（十二月份）

一、到前方各軍視察及督戰
二、到兵站醫院慰勞負傷官兵
三、對駐蚌之96軍官兵點名訓話
四、接見京滬慰勞第一、二、三團舉行慰勞大會並到空中慰勞及接見安徽慰勞團
五、對本部警衛團點名訓話
六、慰問十八師突圍官兵
七、接見英美記者
八、接受蚌埠各界之獻旗
九、疏散本部人員到滁縣

十、到蚌埠各機關團體視察
十一、舉行追悼黃伯韜將軍及陣亡將士之大會

十二月一日、星期三、晴、48°、民國三十七年

一、與子亮（劉汝明）、吉甫（李延年）等商軍隊部署
二、到九九、三九、五五各軍視察

九月召集子亮、吉甫來商軍隊部署。十時卅分召見唐總監肅、鄧處長冀鵬對淮河架橋予以指示。本晨對隨從人員與衛士予以犒賞。十四時卅分偕六兵團廖科長如東赴小蚌埠晤吉甫，後同赴太平崗大井子晤胡軍長長青等，繼到高家菴晤王軍長伯勳等，最後到西門渡晤曹軍長樂山等，至十九時返部至吳小街七十四師師部，遇李師長外出未晤。

十二月二日、星期四、晴、59°、民國三十七年

一、接見美藉記者白理士、馬丁等及晤紹文

二、到臨淮關視察第五十四軍

九時由子清陪同接見基督教箴言報美籍記者白理士夫婦（其妻為華人）及馬丁與談戰情（馬丁為紐約郵報記者）。十四時卅分赴寶興麵粉廠晤由京來蚌之國防部次長秦紹文（笠夫與俱），略談後即乘火車赴臨淮關視察五十四軍晤闕漢騫軍長、楊中藩參謀長及周文韜、廖定藩師長、吳世英副師長、董士明團長等，面予訓示後去該部晚餐，至十七時卅分乘專車返蚌，於十九時始到達前進指揮部，警衛團同來。廿時接見四十九師師長孫竹本，繼接見前進指揮部警衛團團長羅醇。

十二月三日、星期五、晴、55°、民國三十七年

一、匪主力北退尚留殘部頑抗

二、接見曹樂山、程學玉等

曹老集方面戰鬥之砲聲清晰可聞，惟該方面殘留之匪尚未完全北退。本部內衛原係憲27團擔任，自本日起改由本部前進指揮部警衛團派兵接替。八時四十分曹軍長樂山來見。九時馮副參謀長及第一處吳處長等昨晚由京乘車至臨淮關，今晨偕546楊參謀長乘汽車返部。十一時卅分接見戰地十一組視察官程學玉。本日對本部出力人員參謀長以下給以獎金。本部由徐移京之大部人員均已到蚌。

十二月四日、星期六、晴、55°、民國三十七年

一、接見張側民、朱吳城、熊克禧等

二、對本部前進指揮部警衛團官兵點名訓話

九時接見總統特派視察督導工事人員張側民、趙滌非、張鐘秀、孫璟、謝實生、伍國光、胡禮賢、唐秉煜、計家元、秦鐘秀、董克剛十一員。九時卅分接見朱吳城、徐樹南兩視察官。十時集合本部前進指揮部警衛團官兵點名訓話，實到官佐三十二員，士兵二五六名。訓話後稿賞加菜金四千元。十時卅分接見戰地視察官（68軍）熊克禧。十五時陳指揮官紹平來見。

上星期反省錄（十一月二十八日至十二月四日）民國三十七年

一、余以無能之身在徐既不能為袍澤之順導者，又奉令到蚌指揮，其必無所表現可知，只有慚愧與悚惶耳。

二、作戰應以氣勝，我軍之敗顯係氣餒。如何振作官氣與士氣以扭轉戰局，是為今後要著。

本星期預定工作課目

一、到兵站醫院慰勞負傷官兵

二、對96軍官兵點名訓話

三、到曹老集、高老集、蘇集、王巷子、孫巷子等處前方視察

四、接見慰勞團主要人員及參加慰勞會

五、與慰勞團主要人員到空中慰勞

十二月五日、星期日、陰、60°、民國三十七年

一、到兵站醫院對負傷官兵慰勞

二、接見張側民、張鐘秀

九時余偕馮副參謀長歧吾、吳處長劍秋、黃主任泰錦、王組長尊五及第一兵站衛生處處長章維瑜等，赴公棧路213兵站醫院慰勞負傷官兵並發給慰勞品，旋返部。十五時接見總統特派督視工事人員張側民、張鐘秀、李曉之，明晨赴滬托帶家信一封。

十二月六日、星期一、上午晴、下午陰、民國三十七年

一、對96軍官兵點名訓話及晤胡璉

二、到曹老集車站及高老家視察

九時廿分偕笠夫、劍秋到蚌市體育場集合96軍官兵點名訓話，實到官六〇七員，兵九一二五名，至十時四十分畢返部。十一時卅分因胡璉自南京乘專機到蚌，余特派車接到總部與面談並留午餐，後該員仍乘專機赴雙堆集該部指揮。十四時十分余偕子清、歧吾、笠夫、印靈、克諧等乘鐵甲列車赴前方視察，到曹老集車站與吉甫晤談後更到高老家等處視察災情，於十六時五十分返蚌。

十二月七日、星期二（大雪）、晴、56°、民國三十七年

一、接見中外記者葛和平、曹棄疾等
二、到寶興廠午餐，應李市長邀晚餐

九時余偕子清接見美國時代週刊生活雜誌駐華特派員葛和平、記者馬登、譯員李澤瀾、中國時報特派員曹棄疾、軍聞社記者李涵平。葛等探詢前方戰況並為余攝影，約於午刻由潘一英陪同到戰地攝影。十時半余到寶興麵粉廠沐浴理髮，並由春曦邀在該廠午餐。十八時卅分應蚌市長李人翹邀到該處晚餐，至十九時十分返部。

十二月八日、星期三（上弦）（臘八）、晴、60°、民國三十廿年

一、接見劉子亮、蔣緯國等
二、到蘇集、孫巷子、王巷子39軍前線視察

十時劉子亮來談並商剿匪事。十一時廿分吉甫由曹老集返蚌共進午餐，餐畢余偕吉甫、笠夫、朝彥、劍秋及監察官成英雋、戰車營洪世銘等赴39軍前線視察。先到蘇集該軍軍部，繼到孫巷子147師師部及到王巷子103師師部、曹家坂296師師部各駐地予以指示，至十八時卅分返部。二十時接見蔣緯國並與暢談留在部宵夜，至廿四時始散。京滬第一、二、三慰勞團於本日抵蚌。

十二月九日、星期四、陰、60°、民國三十七年

一、接見慰勞團各團長及主要團員

二、舉行慰勞大會余致答詞

九時廿分接見第一、二、三慰勞團團長方治[68]、邵華、王澤齋及團員羅衡、趙憲漢等。十時廿分慰勞第一、二、三團在本部禮堂舉行慰勞大會，由方治主席致慰勞詞，團員、各代表致慰勞詞，余致答詞，最後由笠夫報告作戰經過及匪我情形，於十一時廿分共攝一影散會。二十時赴社會服務處拜訪慰勞團各團長及團員、新聞記者等。

[68] 方治（一八九五—一九八九），安徽桐城人，早年留學日本入東京師範大學。一九四六年任福建省代主席，一九四八年任制憲國大代表。來台後曾任大陸救災總會副理事長。

十二月十日、星期五、陰、60°、民國三十七年

一、招待慰勞第一、二、三團晚餐

二、接見曹福林、鄧文儀等

十四時召見55軍軍長曹福林，對該軍部署有所商定。十五時鄧局長文儀由京到蚌，偕第四綏區政工處長羅春波來見。十八時余去本部禮堂設宴招待慰勞團第一、二、三團全體及隨團記者，劉副總司令子亮、子清、樹正、笠夫、歧吾等均作陪，並邀地方官紳參加，至十九時散。

十二月十一日、星期六、陰、60°、民國三十七年

一、與慰勞團方、邵等到杜、黃上空慰勞

二、接見何師長竹本

十時四十分余偕方治、邵華、張子伯、胡定芬、蕭若虛、蔣緯國、章毓金、胡佛等十二人乘專機赴黃維兵團及杜光亭駐地上空慰勞，投擲食物及宣傳品等，並與黃維及杜光亭通話，至十二時十分專機循

津浦路飛返蚌埠，於十二時五十分降落蚌埠機場。十三時十分邀蔣緯國同進午餐。十八時廿分接見49師師長何竹本。

上星期反省錄（十二月五日至十二月十一日）民國三十七年

一、黃維兵團被匪圍困已逾半月，而我救援之師進展遲緩，該兵團支撐已達最艱苦境地，使匪得以逞，大局危矣，故焦灼欲死。

二、後方高呼勝利不知前方戰況有莫大危機、真使人哭笑不得。

本星期預定工作課目

一、送別京滬三慰勞團

二、乘專機到南京商軍事

三、到前線督戰

四、接見安徽慰勞團

十二月十二日、星期日、陰雨、59°、民國三十七年

一、送別京滬三慰勞團

二、接見鄧雪冰、李誠一

原定今晨赴火星廟督戰，以天雨道路泥濘車行不便且有他事致未成行。十時京滬三慰勞團專車南返，余親赴車站送行，由邵華團長健工領導全體團員高呼口號並攝影留念後而別。但該三團到達明光後以鐵路尚未修復仍返蚌，改明日再南下。十六時鄧雪冰來見談商68軍參戰事。十九時卅分接見四綏區李副參謀長誠一。

十二月十三日、星期一、陰、59°、民國三十七年

一、乘專機到南京商軍事

十一時四十分余偕笠夫、印靈等乘C47型297號專機飛京，同行者有鄧雪冰、彭邦楨（政工局參謀）、管相齊等，至十二時卅分在明故宮機場降落。在中山路泰山飯店午餐後即到文佩里與顧總長通電

話後休息。十五時五十分偕笠夫、印靈赴國防部與何部長、顧總長商談一切，後於十八時同赴總統官邸圖室商談援黃兵團增加部隊事畢，於十九時同顧總長到其私宅晚餐，至廿時二十分返文佩里休息。

十二月十四日、星期二、晴、54°、蚌埠、民國三十七年

一、在南京晉謁總統後乘專機返蚌

二、應子亮邀晚餐並入浴理髮

昨夜北風大起氣候驟寒。九時十分因芬由滬乘火車來京乃赴下關車站迎接待，至十時卅分車站進站至十一時返抵文佩里，旋奉總統召赴官邸謁見後返文佩里晤劉永焜、劉愷鐘、鄧翼鵬等，後由愷鐘邀到曲園午餐，餐畢鐵城[69]、文白（張治中）[70]均來晤。十五時十五分張文白來談，旋即赴明故宮機場至十六時廿分偕笠夫等乘C47－293號專機起飛返蚌，至十七時十分降落。十八時偕樹正、笠夫、子清、印靈、劍秋、緯國等到寶興麵粉廠應子亮邀請，晚餐畢入浴及理髮至廿時四十分返宅。

69 吳鐵城（一八八八－一九五三），廣東中山人，早年留日入明治大學習法律。時任行政院副院長兼外交部長。

70 張治中（一八九〇－一九六九），安徽巢縣人，保定軍校第三期畢業，時任制憲國大代表。一九四八年八月任西北軍政長官公署主任。一九四九年元月任國民黨首席代表赴北平進行國共談判，後投共。

十二月十五日、星期三、晴、55°、民國三十七年

一、到前線各軍督戰

二、接見楊軍長幹才[71]

九時余率笠夫等赴前線督戰，先乘車至蘇集邀吉甫同行。十時四十分到達99軍軍部位置之程莊與胡軍長晤見後指示一切。十二時卅分到達54軍軍部位置之後喬家與闕漢騫軍長晤見後詢悉戰況並予指示，於該部午餐後赴後喬家兩莊198師位置之雀莊（距前線均約五華里）晤張師長指示一切，並予前線團長以鼓勵。嗣緯國、龍韜等來晤旋別，於十七時卅分返部。十八時徐樹南陪同楊軍長幹才來見，並留在部晚餐。

十二月十六日、星期四（望）、晴、57°、民國三十七年

一、接見楊軍長幹才、何師長竹本

71 楊幹才（一九〇〇－一九四九），四川廣安縣人，四川軍閥楊森之侄，瀘州講武堂畢業。時任第20軍軍長。

二、到中山公園視胡璉傷

九時五十分美聯社記者杜平及美使館副武官馬德華請見，當派笠夫副參謀長代見。十時接見20軍楊軍長幹才，繼接見49師何師長竹本。十五時卅分余偕樹正到中山公園黃泛區復興局辦事，視胡璉副司令官因其在雙堆集負傷突圍到蚌者，擬由飛機送京醫治。本部一部分人員由子清率領移駐滁縣，本夜上車於明晨開車（十二兵團於昨晚突圍，本部對當下情況調整部署）

十二月十七日、星期五、晴、60°、民國三十七年

一、應唐肅（號景純）邀到該處午餐

二、接見蔣光炎、許明一

九時四十分與吉甫及各幕僚長與作戰有關要員在本室研究遵照國防部指示之新部署，旋劉子亮亦參加研究。十二時廿分唐肅總監邀到該部午餐，余與笠夫同往至十三時十分畢，歸途往訪吉甫後返部。十六時十五分國防部少將部員蔣光炎、陸大將官班學員許明一（號光平）持銘三介紹信來見。本日為樹正誕日，本部高級同人向之祝壽，於十八時在部設宴歡飲至廿時席終。

十二月十八日、星期六、陰、57°、民國三十七年

一、接見安徽省慰勞團
二、接見周旭初、厲長青等

九時安徽省慰勞團由合肥到蚌，由團長陶若存、副團長王樅偕團員沈克任、劉自強、王建五、李象賢、章漱石、偶石君、李凌峯（女）及蚌埠郵局局長郃順斌來見，並送禮單略談離去。十時18師作戰參謀周旭初突圍到蚌來見，報告戰鬥及突圍情形。十四時接見99師師長楊達，十六時接見99軍軍長胡長青，十七時接見54軍參謀楊中藩及師長張純並留晚餐（本月發給本部勤勞人員獎金）。

上星期反省錄（十二月十二日至十二月十八日）民國三十七年

一、黃維兵團其突圍遭受無比損失，而黃維及各高級將領除胡璉負傷獲救外其餘均無下落，可謂慘矣。是誰使之如此，痛心欲死。
二、今後軍事欲有轉機非亟改革政治，發展經濟，培成新生力量不為功。

本星期預定工作課目

一、慰問第十八師突圍官兵
二、對本部警衛團第二營官兵點名訓話
三、本部留蚌人員再疏散到滁
四、應蚌埠黨政民代表邀晚餐並接受其獻旗
五、接受由京來蚌之英美記者

十二月十九日、星期日、陰、54°、民國三十七年

一、邀撥雲等午餐並赴撥雲邀晚餐
二、慰問十八師突圍官兵

本日派任副官佩秋於十三時卅分搭便機赴京投遞重要文件。十二時邀闕（漢騫）軍長撥雲、于軍長兆龍等午餐，子亮、吉甫兩總司令及李參謀長樹正等作陪。十五時余親到大街慰問十八師突圍官兵，並到裕莊、聚安兩處一視。十六時接見39軍軍長王伯勳。十八時應闕軍長撥雲邀到中國銀行晚餐至十九時返部。

十二月二十日、星期一、雨、54°、民國三十七年

一、對警衛團第二營點名訓話

二、應于兆龍邀午餐，郭華玉、劉景武邀晚餐

十時對最近自49師撥補警衛團之第二營官兵點名訓話，約三十分畢。十時卅分接見新由贛來蚌之胡參議琢璨，對遷移軍眷有所商談。十二時應于軍長兆龍邀偕樹正、笠夫同赴該軍軍部午餐，於十三時返部。十五時十五分接見馬國超。十六時接見突圍之18師師長尹俊。十八時應中央銀行蚌分行郭華玉、蚌市警局長劉景武邀至中國銀行晚餐，至十九時返部。

十二月二十一日、星期二、陰雨、53°、民國三十七年

一、本部留蚌人員再疏散到滁

二、邀尹師長俊午餐到子亮處晚餐

十時四十分赴寶興麵粉廠沐浴及理髮。本部除留必要人員由余率領留蚌指揮外，余均由馮副參謀長嶷率領赴滁縣。十二時邀18師師長尹俊午餐，同時請子亮、吉甫兩副總司令及李參謀長樹正並各處長作陪，至十三時散。十八時應子亮邀到該處晚餐至廿時返部。

十二月二十二日、星期三（冬至）、雨雪、45°、民國三十七年

一、訪李吉甫、梁棟新及接見楊景皓

昨夜狂風驟雨澈夜未歇，本晨氣候奇寒天降小雪，懷念在圍之杜光亭部不獲空投糧彈何以充饑何以作戰，使我心痛腸斷。十四時四十分赴棠園與李吉甫兼司令及其參謀長梁棟新晤談。十六時卅分楊參謀長（名然）景皓來見。

十二月二十三日、星期四（下弦）、雪、44°、民國三十七年

一、應蚌埠黨、政、民代表邀晚餐接受獻旗

二、接見衛明選、王伯勳

本日天氣寒冷大雪紛飛亙日不止。十一時廿分85軍23師67團七連連長衛明選被俘後逃歸來見，報告黃維被俘情形及我軍種種缺乏。十七時蚌埠黨政民意機關代表在交通銀行設宴招待並獻旗，余應召到十九時畢返部。十九時卅分接見39軍軍長王伯勳。

十二月二十四、星期五、雨、44°、民國三十七年

一、接見由京來蚌之美英記者

昨夜雪止後今晨繼以大雨，氣候仍寒。接光亭、雨菴電，官兵饑寒交迫匪軍喊話逃亡日增甚為憂慮。十一時卅分賴課長壽松由滁來見。十六時接見倫敦每日快報記者史密斯、美基督教科學箴言報記者勃力克斯、紐約時報蘇理文、倫敦觀察報杜諾文、倫敦每日郵報麥唐納等。

十二月二十五日、星期六、陰、43°、民國三十七年

一、李參謀長樹正等赴京

二、邀劉、李兩副總司令午、晚餐

九時李參謀長樹正及第一處吳處長劍秋、總務處第二課賴課長壽松同乘鐵甲列車赴京接洽要人。十二時邀李副司令吉甫到部晚餐並面談一切。本日傷兵站將庫存美國罐頭食品分發本部官兵。

上星期反省錄（十二月十九日至十二月二十五日）民國三十七年

一、凡事不能離乎情理，如離乎情理以處事未有不令人心惑不解而憂慮者。奈何當局者竟對下情不深切瞭解而固執如此，三歎。

二、交通工具在現在科學進步中尚未能得到其十分安全，如新型之霸王號飛機亦竟失事，可以知矣。

本星期預定工作課目

一、處理本部警衛團事並召見該團代團長李朝邦及向、湯兩營長

二、到蚌市各機關團體視察
三、追悼黃伯韜將軍及陣亡將士
四、舉行開國紀念會及團拜聚餐、同樂會

十二月二十六日、星期日、雪、44°、民國三十七年

一、本日處理本部警衛團事
二、接見彭伯倫由其報告被俘出險事

本部警衛團團長羅醇被控貪汙瀆職，經查屬實當予扣押交憲兵營解運滁縣本部軍法處訊辦，團長職務由副團長李朝邦代理。本部獨立警衛營步砲連長高立信來見，因該營在團已改編乃令該連改為警衛團建制。十八時第二兵團獨立旅政工處長彭伯倫來見，報告被俘脫險情形。

十二月二十七日、星期一、陰、44°、民國三十七年

一、接見楊副軍長熙宇
二、赴市區視察並往晤子亮

本日因身體不舒起床較遲。十三時卅分41軍副軍長楊熙宇被俘脫險來見，報告突圍經過及匪區情形。十四時偕胡印靈赴市府視察由副市長徐崧彬接待，略談後再赴市參議會市黨部均無人，乃赴寶興麵粉廠與劉子亮及春熙略談，至十六時返部。

十二月二十八日、星期二、陰、有小晴、45°、民國三十七年

一、雪後攝影到寶興應子亮邀午餐
二、在部晤周偉龍、侯定邦等

十時中央社記者張力耕、申報記者凌松壽來部為余及吉甫、笠夫、印靈等為雪後之攝影。十一時偕吉甫、笠夫、印靈、翼鵬等到寶興沐浴、理髮，事後到劉子亮處午餐，餐畢略談至十二時卅分返部，適

羅處長文浩與周司令偉龍、侯處長定邦、杜總隊長長城、程視察學玉、孫高參靖時由滁到蚌分別交談。

十二月二十九日、星期三、陰、晴、48°、民國三十七年

一、接見蔣處長蘊青

二、到市區巡視市警察局等各機關

十時接見政委會文教處長蔣蘊青，伊緣由徐州脫險到蚌報告經過情形，並攜來匪方「新徐日報」兩份。十五時偕胡處長印靈赴市警察局、長淮水上警察局、市商會、市工會等處巡視，晤劉局長景武及甯局長文莊至十六時返部。聞總務處司書陳理元攜妻自青龍橋突圍到蚌認為幸事。

十二月三十日、星期四、雨、47°、民國三十七年

一、傳見本部警衛團之營長

本日雪後又雨，悶人欲死，蓋被圍之杜光亭部待糧而難以投擲也。十六時傳見本部警衛團李代團長朝邦，彼為粵之仁化相溪人，余於卅年前任滇軍營副時曾駐該村。十七時傳見警衛團第一營營長閔繼湯、第二營營長湯良材詳詢其內部情形（接上海電話知本日零時三刻芬在濟華醫院產生一男，濟華醫院在鉅鹿路）

十二月三十一日、星期五、陰雨晨雪、46°、民國三十七年

一、追悼黃伯韜將軍及陣亡將士

十時本部為蚌埠市、參議會舉行追悼黃伯韜將軍暨陣亡將士大會，余與吉甫前往，而子亮等已先到，由余主祭，子亮、吉甫陪祭，參加者萬餘人。由胡印靈讀祭文，余致詞至十一時卅分畢返部。旋子亮、吉甫亦到相與談論防務並邀晚餐，夜間接樹正電話知大局將有變動政壇不安。

上月反省錄（十二月份）民國三十七年

一、事勢之嚴重由漸而來，當國軍正大有為之時而不注意面之爭取只注意點線之進展，死守一城一地，予匪包圍殲滅機會。且於部署方面常留莫大空隙，使匪有隙可乘，而我又不能澈底集中兵力打擊其兇焰。今日之大失敗殊堪惋惜、然亡羊補牢猶未為晚，根本上今後之問題不僅在軍事，尤在政治經濟之有辦法也。

二、在報上透露消息知奸匪發表戰犯四十二人，余也其中之一。以余之無能何幸得此榮譽，奸匪此種神經撩我只供外人之譏罵，有何益哉。

一九四九年一月

本月大事預定表（一月份）民國三十八年

五、巡視在京本部各處室組、在滁對護路司令部及廿軍官兵訓話
六、舉行本部結束會報
七、赴湯山休假
八、公祭黃伯韜
九、由京乘京滬夜臥車赴滬

一月一日、星期六（元旦）、陰、47°、民國三十八年

一、在蚌舉行開國紀念及元旦同樂會

二、接受蚌埠各機關首長賀年及邀同聚餐

九時卅分蚌埠各界假維多利大戲院舉行開國紀念及三十八年元旦團拜，到者數百人，由余任主席團主席並致詞至十時卅分畢。十一時中央社記者闔後屏來為同人攝影，繼蚌埠各機關首長來拜年。十二時由余邀請本部官佐、各部首長共七十餘人在本部大禮堂聚餐至十三時卅分，賓主盡歡而散。十五時卅分假維多利大戲院舉行元旦同樂會，表演京劇及豫劇至十八時十分畢。廿時接見卜團長雲殿。（總統本日發表文告希望共黨誠意言和）

上星期反省錄（十二月二十六日至一月一日）民國三十八年

一、轉眼又到民國三十八年之開始，光陰易逝時不我與，每濡筆日記頓覺逐日紙幅之縮短，生命亦隨之縮短，而況大局險惡如江河之日下、舉國煌煌朝不保夕，我人又何能預測將來之前途耶。在此新年肇端，不禁感慨繫之。

二、在此風濤險惡時能立得住腳方為好漢子，惜我年老志衰未足以語此耳。

本星期預定工作課目

一、應李吉甫及蚌埠各機關團體首長之歡宴
二、視察皖北師管區及141師師部
三、出巡淮南路視察九龍崗淮南礦區

一月二日、星期日、晴、50°、民國三十八年

一、接見李市長人翹、馬專員馨亭等
二、赴李延年、梁棟新邀晚餐

十六時接見蚌市長李人翹、市黨部書記長邵恩、市商會理事長丁佛吾、市參議會副議長蔣尚賢有所請求。十六時廿分李參謀長樹正偕吳處長劍秋、周課長英、陳課長建凱等由京返蚌。十八時十分余偕本部處長以上同赴交通銀行應李正軍、梁棟新邀晚餐至十九時卅分返部。孫院長哲生（孫科）於昨晚廣播重申和平意向。十時卅分接見皖四區專員馬馨亭、渦陽縣長丁柳衡。

一月三日、星期一、晴、46°、民國三十八年

（本日起地上結冰）

一、接見谷炳奎、吳用淮等

二、應蚌埠各機關團體首長邀晚餐

十四時卅分14軍副軍長谷炳奎突圍歸來見余，余詳詢突圍情形並贈予旅費千元。十六時邀子亮、吉甫及總部六、八兩兵團重要幕僚及龍組長韜在本室商談重要軍事問題。十八時應蚌埠各機關團體首長李人翹、邵恩、劉景武、鄭榮生、孫義桓、郜順斌、吳紹恒、甯文莊、丁佛吾、朱卓人、姜昭華十二人邀到交通銀行晚餐至十九時卅分返部。二十時接見吳用淮委員少將高參。

一月四日、星期二、晴、46°、民國三十八年

一、接見陳純一、王玉臣、熊克禧

二、應劉子亮邀在寶興晚餐

十一時接見陳純一。十二時四十分接見前84師團長現暫編第11縱隊司令王玉臣，指示已收編部隊事。十三時四十分接見戰地視察第四組少將視察官熊克禧，伊報告龍韜已赴京，命伊暫代理職務。十五時十分赴寶興沐浴及理髮。十七時卅分在寶興應子亮晚餐至十八時卅分返部。

一月五日、星期三（小寒）、晴、43°、民國三十八年

一、接見葛崐山、孫良誠、王清瀚

二、視察皖北師區部及141師師部並到蚌山遊覽

十時本部參議葛崐山來見，報告以前收編部隊事。本日陳建凱赴京，交帶京付郵給滌宇函一件（內附致關懷周函）。十三時卅分赴皖北師管區司令部視察，晤焦其鳳[72]司令。繼轉赴中山公園登蚌山遊覽，並到山麓141師部視察，晤蕭師長續武。廿時卅分子亮偕前107軍軍長孫良誠及206師長王清瀚來見，彼二人蓋被俘後歸來者。

[72] 焦其鳳（一八九六－一九八八），安徽合肥人，保定軍校畢業，陸軍中將。

一月六日、星期四、晴、45°、民國三十八年

一、偕子亮等到淮南路及礦區巡視
二、應焦其鳳、李重嚴邀晚餐

八時十五分余偕子亮、笠夫、印靈、曉虹等出巡淮南鐵路，視察沿線駐軍（68軍）。係乘鐵甲列車出發於十時四十分抵水家湖車站，劉軍長汝珍駐該處。劉偕其參謀長杜大中來見。繼轉向西北駛行於十一時到達九龍崗，即淮南煤礦公司所在地，由該局副局長李境及胡衛中等招待赴大通礦區參觀。午餐後到工具廠等處參觀即上車於十五時啟行，十七時卅分到達蚌站下車後即赴交通銀行應焦其鳳、李重嚴晚餐返部。由68軍拘獲之共匪特派員周治平（原名鎬）及其隨從祝君福同車到蚌。榮四團長蕭佐由徐脫險到蚌。

一月七日、星期五（上弦）、晴、45°、民國三十八年

一、接見楊熙宇、李重嚴等
二、到吉甫處一敘

十時第二處黎副處長克諧赴京陪同孫良誠、王清瀚二員同往交國防部處理。十時卅分41軍副軍長楊熙宇自京來見，請示收容事。十二時卅分護路司令部總務處科長覃守愚率兵來部提解周治平、祝君福赴京。十五時廿分赴隔鄰棠園與吉甫一敘。十六時卅分接見李重嚴，廿時卅分接見中央日報記者張力耕。原在徐隨杜行動之汽車司機馬榮槐夫婦脫險到蚌。

一月八日、星期六、晴、45°、民國三十八年

一、接見蕭佐及往訪劉子亮

十一時卅分榮四團團長蕭佐來見，請示該團內部事務，當予指示。十五時余赴寶興麵粉廠訪劉副總司令子亮詳談一切，至十六時返部。據光亭電稱及空軍報告匪攻擊猛烈，我軍傷亡慘重。

上星期反省錄（一月二日至一月八日）民國三十八年

一、自國民黨執政後對全國之大規模建設及開發雖不太多，而已盡最大之努力。但以現內亂及抗戰之故被破壞者不少，如樹芽方萌輒遭摧，殊可惜矣。

二、在此驚濤駭浪之中不知如何立身、不知如何處世，可謂做人不易矣。

下星期預定工作課目[73]

一、由蚌埠出巡臨淮、明光、滁縣等處並順道到京

二、去滁遊醉翁亭、瑯琊山大陵

三、本部由蚌移浦口

一月九日、星期日、晴、45°、滁縣、民國三十八年

一、由蚌埠出巡到達滁縣

73 編按：參整份文件之慣例，應為「本星期預定工作課目」，惟原文此處的確寫作「下星期……」故予以保留。

八時五分余偕笠夫、印靈、翼鵬等由蚌乘鐵甲列車赴津浦南段視察沿線部隊，於九時廿分到達臨淮關車站。下車步行至99軍軍部，繼集合該軍少校以上官佐點名訓話，事畢去該部午餐。十二時廿五分登車南行十三時卅五分到達明光車站，在車上接見嘉山縣長麥震濤、皖五區專員王漢昭、保安副司令凌弈、警務分段長羅朝鼎、20軍398團一營營長曾松濤等予以指示。後車南下於十五時卅分到滁縣，楊軍長幹才、周司令偉龍、馮副參謀長歧吾等來迎，旋入城住20軍軍部，至十七時卅分應周偉龍邀晚餐，於十九時卅分返。

（本晚杜光亭部開始突圍未奏功）

一月十日、星期一、陰、49°、民國三十八年

一、集合20A護路司令部官佐及本部官兵點名訓話

二、遊醉翁亭、瑯琊山古蹟及應幹才邀晚餐

九時卅分在營房空地集合20軍及護路司令部官佐訓話畢，並召集上校以上人員談話。十時四十分偕幹才、歧吾、笠夫、印靈、翼鵬、尊五等同乘汽車往遊醉翁亭、瑯琊寺古蹟並在寺用素餐，餐畢略談下

山於十四時到達滁城。十四時廿分接見滁縣縣長韋駒至十五時接見戰地視察第十一組組長張翼揚。十六時集合本部駐滁官兵點名訓話，官一二五人，兵一五〇人。十八時卅分幹才邀晚餐至十九時卅分畢。

（本日光亭被俘、雨菴自殺、炳仁逃生）

一月十一日、星期二、晴、南京、民國三十八年

一、由滁縣乘鐵甲車赴京

二、在京訪墨三及李、林、蕭、徐等

六時五十分偕笠夫、印靈、翼鵬等赴滁縣車站於七時卅分乘鐵甲車南行，至九時到達浦口站。鐵心、馨山、以誠等到站歡迎，即同渡江乘汽車到文佩里通訊處。於十時赴陸海空軍醫院檢查身體及於十二時到城左營何宅。在該處進午餐後偕笠夫於十三時卅分往謁墨三談論一小時到通訊處休息。於十六時四十分赴國防部訪李、林、蕭三次長及徐部長至十八時返。二十時接見孫元良，繼見劉愷鐘、傅亞夫[74]等。

[74] 傅亞夫（一九〇八－一九九五），江西渝水人，黃埔六期畢業。時任南京總統府第三局副局長。

一月十二日、星期三、晴、民國三十八年

一、由南京乘鐵甲車到滁縣

午前在賀何宅接見萬建藩[75]、張耀明[76]、王叔重、王雨民、侯雨民、胡振武、劉子清、賴壽松、袁興烈、陳士章、唐雲山、周偉龍、王建煌、龍韜等。十四時四十分偕笠夫、馨山、伯平等乘汽車到下關渡江至浦口車站乘鐵甲車北上，送行在有建藩、鐵心以誠、雨民、子清、滌寰夫婦等。車於十五時廿分由浦口站開出至十六時四十分到滁縣車站，幹才、歧吾等來迎，仍住20軍軍部。

（接蚌文浩電話，知本部將調京撤消，故權暫在滁待命）

一月十三日、星期四、晴、47°、民國三十八年

一、由滁縣乘鐵甲車返蚌

二、邀劉子亮、李雲甫、于兆龍晚餐

75 萬建藩，江西南昌人。日本士官學校第二十二期畢業，時任南京衛戍總部參謀長。

76 張耀明（一九〇五－一九七二），陝西臨潼人。時任南京衛戍總司令。

十一時卅分幹才邀同午餐後於十二時零五分偕笠夫、馨山等到滁縣車站，幹才、歧吾均到站送行。十二時十分鐵甲車北開抵長淮街，因路籤已折關係稍停嗣續進，至十六時抵蚌埠，到部略談後復赴寶興麵粉廠沐浴及理髮，至十八時返部邀同劉子亮、李吉甫、于兆龍等晚餐。餐畢與子亮、吉甫談約半小時而散。廿時李人翹、焦其鳳來見。

一月十四日、星期五、晴、45°、蚌埠、民國三十八年

一、到第八兵團為劉子亮送行

二、乘鐵甲列車由蚌到臨淮關

八時召吉甫及該部鄧副參謀長到部，商各軍後撤部署，並同進早餐。九時十分偕吉甫、樹正、笠夫赴八兵團司令部為子亮送行，旋返部。十四時由吳處長曉虹率在蚌大部官兵乘車移浦口。十六時偕樹正、笠夫到市區巡視。十九時偕笠夫、樹正、文浩到棠園與吉甫晤談，72軍參謀長許亞殷突圍到蚌報告經過。廿四時余率樹正、笠夫、文浩等必要官兵乘鐵甲車到臨淮關。

一月十五日、星期六（望）（上元）、晴、46°、浦口、民國三十八年

一、本部由蚌埠移駐浦口

六時四十分余乘之鐵甲列車由臨淮關開出，十時卅分到達滁縣車站。楊軍長幹才、熊視察官克禧到站歡迎。下車後偕樹正、笠夫、馨山等赴20軍軍部應幹才邀在該部午餐，餐畢於十三時車由滁縣開出至十五時零五分到達浦口車站，歧吾、印靈、濟昌等均在站歡迎。下車到津浦大樓即假住樓教室為辦公所。十六時津浦路局沈副局長文泗來見。十六時廿分余偕樹正、印靈、馨山過江到城左營何宅休息。廿時往晤墨三，繼晤文白，均暢談一切。在文白處晤彭昭賢、湯恩伯。

上星期反省錄（一月九日至一月十五日）民國三十八年

一、山川草木以人之情緒而觀感不同，當亂離之世不知命去何時，尚有何意流連於山水間。故所視均含悲景，樂無從興矣。

二、殘暴不仁之共產黨如被其控制全中國，則我輩愛國志士均將為其刀下之鬼矣，言之悚然。

本星期預定工作課目

一、到遊府西街國民學校巡視本部各處室組
二、公祭黃伯韜
三、舉行本部結束會報
四、赴湯山沐浴
五、由京乘京滬夜車赴滬

一月十六日、星期日、晴、45°、南京、民國三十八年

一、到遊府西街巡視本部各處室組
二、對黃百韜靈柩致奠及訪沈思魯

十時廿分偕印靈、馨山到遊府西街國民學校本部各處室組巡視後，即赴下關渡江到浦口指揮所辦公。十五時卅分偕樹正、歧吾、曉虹等到黃伯韜靈柩前致奠，繼即渡江到樹正宅一視後即返寓所。十七時十分偕萬用霖、劉子清共赴大光路訪沈思魯至十八時到文佩里與滌寰夫婦等共進晚餐，至十九時返寓。十九時卅分侯雨民來寓暢談。

一月十七日、星期一、晴、45°、民國三十八年

一、赴國防部訪蔚文等

二、接見朱武勤、劉愷鐘及往訪于院長

十時十分赴國防部晤蔚文、毅肅並介許亞殷等與蔚文，商72軍收容事宜。繼晤墨三及幄奇，嗣到第三廳新任蔡廳長文治[77]及許副廳長朗軒等，於十二時到浦口辦公。十七時卅分偕笠夫夫婦、歧吾等渡江與岐吾同車送其到樹正公館後到遊府西街邀壽松同到城左營何宅。十九時接見朱武勤，二十時接見劉愷鐘，繼偕往訪于院長右任。

一月十八日、星期二、晴、42°、民國三十八年

一、到浦口總部辦公並偕愷鐘訪孫院長

二、宴郭汝瑰、蔡文治、沈思魯等並接見謝仁釗等

---

[77] 蔡文治（一九一一－一九九四），湖北黃岡人。黃埔九期，日本士官及陸軍大學畢業。時任國防部廳長。

九時接見胡獻璨、蕭佐、張春齡等。十時偕馨山赴大業巷五號訪覃異之[78]並晤子清，嗣赴寧海路六十二號訪恩伯未晤，即驅車赴下關，於十一時卅分在碼頭候輪甚久，嗣乘絕平輪過江至浦口第六碼頭上岸，到部時已十二時卅分矣。旋奉國防部令本部撤消。十六時偕樹正、歧吾等仍乘絕平輪返京，即到工商所訪劉次長愷鐘偕赴行政院官舍訪孫院長哲生，至十七時卅分辭出。十八時余在小營新生社邀郭汝瑰、沈思魯、蔡文治、許朗軒等晚餐至廿時畢，旋到舞廳觀跳舞，於廿時卅分返寓。廿一時廿分謝仁釗來見。

一月十九日、星期三、陰、44°、民國三十八年

一、舉行本部結束會報

二、晉謁李副總統及訪張文白

九時接見王叔惠等。十時召集本部處長組長以上及各單位負責人員舉行結束會報至十二時畢，即在城左營寓所會餐，餐畢略談各別。十四時卅分赴富厚崗謁李副總統約談半小時辭出，繼往訪李定、郜子

[78] 覃異之（一九〇七－一九九五），廣西賓陽人，黃埔二期生，早年曾加入共產黨。時任南京衛戍副總司令兼總統府戰地視察組組長。

同住。舉均未晤，復到辦事處一視後返寓。二十時赴沈舉人巷訪張文白略談。廿一時十分劉壽森由滬到京來見

一月二十日、星期四（大寒）、晴、45°、民國三十八年

一、到湯山入浴及到千秋照像

二、見墨三等及謁總統並祭伯韜

十時偕馨山、侯雨民、景凌壩、劉壽森赴湯山陸海空軍醫院溫泉沐浴之後，即在該處午餐。餐畢登山觀覽後乘原車返京，到千秋照像館拍照後返寓時已十四時五十分矣。十五時卅分赴國防部晤墨三、蔚文、毅肅及次宸、介民等至十六時卅分返寓。十七時到中國殯儀館率本部官佐公祭黃伯韜將軍旋返寓。十七時四十分奉召謁見總統，略談辭出。十八時在新生社宴請毛錦彪廳長、預算局張局長、總統府第三局傅副局長亞夫至十九時卅分返寓。廿三時廿分余等隨從由京乘夜臥車赴滬（徐州總部於本日廿四時停止任務）

一月二十一日、星期五（下弦）、晴、50°、上海、民國三十八年

一、由京乘京滬夜車來滬
二、接見田建中、姜鐵心、虞順懋

十時卅分由京乘京滬夜臥車抵滬，到站歡迎者有向隆龕、石振江、姜鐵心等。待行李上車後直駛迪化北路家時已十一時十五分矣。家人得以重團聚無不喜形於色。十四時吳中林來見。十七時田建中來見並留晚餐。十九時姜鐵心來見。十九時四十分虞順懋來見。

（本日午後五時一刻蔣總統引退赴杭）

一月二十二日、星期六、晴、55°、民國三十八年

一、偕銘三、武民、榮尹往謁敬公
二、應蘇師三夫婦邀晚餐

九時四十分銘三來寓，略談後同車赴靖江路邀同武民、榮尹到江灣國防醫學院謁何敬公，詳商其出處後赴武民處午餐於十四時廿分返寓。劉子清偕黃馨山由京到滬。十七時卅分謝書記長仁釗來見。十八時卅分偕芬奉岳母到漁光村一五〇號應蘇師三夫婦邀晚餐，至廿一時返寓。

上星期反省錄（一月十六日至一月二十二日）民國三十八年

一、聞杜光亭在徐州遭匪殘殺並懸其首於街頭，可謂殘忍極矣。天下惟仁者歸心，不嗜殺人者能一之。為共匪者無論如何戰勝必將為天理所不容，難逃可譴之命運歸於幻滅之業境矣。吾為光亭之死哀，更得天眼之恢恢而昭新。

（後據杜之隨從參謀尹東生逃出到滬面告，杜被俘未死已送往濟南拘留云云，為之心慰並佳之）

本星期預定工作課目

一、晤侯鏡如[79]、蔣銘三、陳武民（陳繼承）[80]、侯道之等

79 侯鏡如（一九〇二—一九九四），河南永城人。早年加入共產黨，曾參與八一南昌起義。時任第十七兵團司令，後指示第92軍倒戈投共。

80 陳繼承（一八九三—一九七一），江蘇靖江人，保定軍校第二期畢業。時任總統府戰略顧問。

二、接見杜光亭夫人
三、本部清理處由京遷杭
四、相與賀舊曆年（春節）

一月二十三日、星期日、陰、晴、46°、民國三十八年

一、接見何競武等，往訪羅維笙等
二、應劉南君邀到錦江樓午餐

九時劉師尚來見，繼南君率壽森、滌宙來見。十一時廿分何競武[81]來見。十二時四十分偕芬應南君親家邀到錦江樓川菜館午餐，至十三時卅分畢，偕芬到永安公司。繼往訪嘯天未晤，復赴永東新村訪維笙略談後同赴虹橋醫院訪努生，至十五時卅分返寓，途經馬良路口購樟木箱而返。

（余以經徐蚌會戰冒極大危險而得不死視為更生，剃鬚以作經念而轉為生氣勃勃之青年矣。非擊敗共匪不再蓄鬚。）

[81] 何競武，一八九五年生，卒年不詳，浙江諸暨人。保定軍校四期畢業，時為制憲國民大會軍隊代表。

一月二十四日、星期一、晴、46°、民國三十八年

一、接見蔣銘三、陳武民、侯鏡如等
二、往訪馮治安、劉子亮夫人等

七時子清由寓至北站偕建凱赴京。九時十分偕芬往訪楊嘯天夫婦後到鄒階平醫師處，均贈以禮。嗣赴永安公司、楊子江飯店及天源一視，至十二時廿分返寓。十四時以汽車載侯司令鏡如。段軍長雲來見，繼接見胡今予夫婦。十五時顧墨三夫人來見，繼銘三、武民來見略談而去。十六時偕芬到光亭寓及晤劉子亮太夫人、夫人、馮治安夫婦，到煥然寓及到武民處至十八時十分返寓。十八時五十分在寓接見田建中。

晨陳副組長鉅輝攜物來滬

一月二十五日、星期二、陰、45°、民國三十八年

一、往訪殷煒昌、虞順懋、陳大慶等
二、應朱國悅、田建中邀晚餐及接見杜聿明夫人等

十時卅分杜光亭之隨從少校參謀尹東生來見，報告光亭被俘情形。十一時張伯英來見。十二時卅分接見馮伯之、何龍慶[82]晤共餐繼往訪。十三時五十分余偕芬往訪殷煒昌、虞順懋、陸允升、陳大慶夫婦（在該處晤萬用霖），經金門訪鐵心不晤，至十七時卅分返寓。十八時四十分偕芬、馨山赴東平路安樂新村應朱國悅、田建中晚餐，至廿一時返寓。廿一時四十分接見杜光亭夫人，繼接見何龍慶夫婦。

一月二十六日、星期三、晴、44°、民國三十八年

一、接見陸元升、殷煒昌、田治伏等

午前芬赴市政府工務局向田專員建中商洽汽車過戶事，於十二時偕田建中返寓。十四時十分接見陸元升。十七時陳副處長建凱來見，當囑其攜函於明日赴京。廿一時五十分殷煒昌來見，繼田治伏來見，當與伊等商洽一切，至廿二時卅分相繼離去。

[82] 何龍慶（一九〇八－一九七六），四川涪陵人，黃埔五期畢業。時任南京警備司令部稽查處長。

一月二十七日、星期四、晴、44°、民國三十八年

一、到江灣訪侯道之夫婦及晤沈發藻[83]等

二、應陸元升邀晚餐並到嘯天處

十時十五分偕芬赴甯波路聚安分公司與周經理耀輝及劉智坤等晤談後，赴江灣訪侯道之夫婦，在該處暢談後於十三時五十分返寓。十五時十五分于團長于城脫險到京，由京來滬來見報告經過。十七時廿分接見張良莘、沈發藻、萬用霖暢談一切。十九時偕芬應陸元升邀到該處晚餐，餐畢並偕治伏到嘯天處暢談後於十一時返寓。

一月二十八日、星期五、晴、45°、民國三十八年

一、本部清理處及通信處開放辦公

二、接見樹誠、鐵心等

[83] 沈發藻（一八九五－一九七三），江西大庾人，黃埔二期。時任國防部第五廳廳長。

據南京電話本部清理處及通信處於本晨乘汽車經京杭國道赴杭州辦公。九時五十分楊樹誠來見。十三時兆棣由京到滬寓，晉源同來。十四時接見姜鐵心並交代何隆嚴結數。十四時五十分往訪季生、銘三均未遇。本日為舊日除夕，寓中家人與黃府各親戚團聚甚歡。

一月二十九日、星期六、陰雨、44°、民國三十八年

本日為舊曆元旦，賀年與受賀者紛紛。九時十分壽森偕梅兒攜其三子並南君親家到寓賀年，當予接待。繼田治伏、田建中、侯鏡如、歐陽升如等各親友來賀年，余等應舉行家庭團拜。十四時鐵心偕鄒傑夫、唐炳林來賀年，繼余偕芬及馨山、兆棣、晉源到五嬸、十祖母、六姑母各親戚等賀年，及到伯英處晤偉國、家經夫婦、廣勤等，至十八時返寓。旋劉泳堯、韓城來賀年。廿一時接見蕭團長佐。

一月三十日、星期日、晴、45°、民國三十八年

一、接見侯道之、陶一珊等
二、往何敬公、歐陽升如、劉南君處賀年

十一時侯道之來見，談汽車過戶事。十三時赴法華路訪蔣銘三，並偕到何敬公處賀年，在該處並晤至柔、率真、海吾等。十五時廿分接見陶一珊。十五時卅分偕芬往歐陽升如處賀年，並晤耀如、燦如夫婦等。嗣到楊樹城、謝仁釗、田治伏、劉南君各處賀年，至十八時卅分返寓。

一月三十一日、星期一、晴、45°、民國三十八年

一、往訪劉季生、陳繼承等

二、接見信孚中、楊嘯天等

九時卅分偕芬往訪劉部長季生略談，繼往訪墨三夫人未晤，到陳繼承夫婦處談甚久，後到楊嘯天處未晤即返寓，時已十一時五十分矣。在寓接見傅亞夫並留午餐，幸筱山亦來見。侯傳仁由杭送汽油到滬。十五時偕芬往胡今予夫婦處賀年，均未晤。嗣往一品香對師尚等賀年均未晤。最後到王紹基處賀年後於十八時返寓。廿時十分楊嘯天未見，並贈以加拿大手槍兩枝，子彈四十粒。

上月反省錄（一月份）民國三十八年

一、擔任徐州剿匪總司令計自去歲六月十四日起至本年一月廿日止為時七個月又六日，其間經豫東、兗、濟、徐、蚌各次會戰，損失武裝兵員達五十餘萬，是誰之過歟。國防部戰略上舉棋不定，政略與戰略失調為大錯誤。各部隊長不能練兵、用兵，反私而忘公，而徵兵之遲緩與補給之不足尤為缺乏戰鬥力主因。加以余之威望難孚，才輕低能致遭此空前大敗，愧憤欲死，盱衡世局大難未已，今後誓必藏拙，不願再負重任，得為一升斗小民足矣。

二、余為錚鏑餘生，今後更加知安天樂命之道矣。

上星期反省錄（一月二十三日至一月三十一日）

一、人生如戲劇一幕幕的演下去，蓋悲歡離合總脫不了造物小兒之掌握。看破此中情景，一切不必認真，深悔以前面紅耳赤舉動之無益無聊，今後可以醒矣。

二、富貴如浮雲，於我篤哉。

本星期預定工作課目

一、往謁何敬公賀年

二、應李岳陽、謝仿林邀到凱歌歸上海酒樓晚餐，晤蔣百里夫人[84]等

三、滬寓行李裝於四十噸蓬車掛運廣州

84 蔣百里（一八八二－一九三八），浙江杭州人。日本士官學校第十三期畢業，曾任保定軍校校長，民國時期著名軍事理論家。夫人為日本人佐藤屋登，中文名蔣左梅。

附錄

劉峙將軍自傳（包括對徐蚌會戰的再次回顧）

余姓劉名峙字經扶別號天嶽，於民國前二十年即清光緒十八年壬辰六月初七日（西曆一八九二年六月三十日）生於江西吉安縣坊廓鄉廟背村，世業農。父諱子善，母氏胡。余繈褓時即失怙，賴叔祖進寬公及母氏撫養成人，七歲啟蒙讀於私塾，對鄉先輩文信國公抵抗異族至死不屈之浩然正氣最為景仰。十四歲負笈日本，正值　總理在日本成立同盟會之後，革命思潮澎湃，鼓吹革命各書報在日本刊行，如雨後春筍。余雖年幼甚喜閱讀，尤對鄒容所著之《革命軍》一書最為傾倒，於是大受激動之下義憤填膺，立志剷除滿清異族專制政權。嗣以日本政府徇滿清政府之請，取締中國留日學生，激起風潮，被迫返國。

十五歲在吉安入天主教所辦之西學堂，肄習英文，以為留學歐美之準備，革命救國之志遂愈堅而愈烈也。自念革命非以武力不能達到目的，故又立志從軍。丁未秋入湘，考取湖南陸軍小學堂第三期肄業，歷時三載，至庚戌冬畢業，辛亥七月升入武昌陸軍第三中學堂，十月十日民軍在武昌起義，余與同學奮勇參加。至民國元年二月清帝遜位，　總理孫中山先生謙辭臨時大總統職，改推袁世凱繼任，以北京為首都，余亦於是年八月由武昌轉學北京郊外之清河鎮陸軍第一預備學校。中間因曾經反對陸軍貴胄學校學生之加入，而遭解散。繼復學，曾在校組織輔仁社為反袁之運動。於民國三年九月完成該段學業，派赴奉天新民陸軍第二十師第三十九旅第七十八團第一營第四連入伍，歷練士兵生活，飽嘗關外冰天雪地之風味。曾撰《入伍紀》記其事頗詳。是年十二月入伍期滿，升入保定陸軍軍官學校第二期步科肄業，至民國五年五月畢業。

余軍校畢業後，以袁政府背叛民國，拒絕其指派土作，遂南下入粵參加護國，於役滇、贛各軍，迭經戰役。民國九年粵軍回粵之役，余率領贛軍支隊歸許崇智軍長指揮，在東江奮戰三月，收復全粵。

民國十一年總理督師北伐，余率大本營游擊第一支隊前驅入贛，連克名城，直迫吉安，以陳炯明之變而回師。民國十二年夏，余以東路討逆軍總司令部參謀兼衛隊督帶，協同友軍防守東江之博羅縣城，叛逆謝文炳、陳修爵等率數倍之眾圍城，余於萬分惡劣環境中，督部堅守半月，待援軍到夾擊大破之。嗣在石龍退卻被敵軍追擊幾瀕於危，卒以建國豫軍加入戰鬥將敵擊退，遂轉危為安。

民國十三年夏，黃埔軍校成立，余任兵學教官，繼兼校本部參謀處科長，第一次東征討陳逆炯明之役，余任本校教導第一團第二營營長，與敵戰於淡水圩及羊塘圍，尤以在揭陽縣屬棉湖一戰為最激烈，余擔任左翼戰鬥，支持艱危戰局，擊潰十倍於我之林虎逆部，遂獲全勝。校長　蔣公云：「棉湖一役以教導第一團千餘之眾，擊潰萬餘精悍來犯之敵，其危實甚，萬一慘敗，不惟　總理之黨軍盡殲，而廣東革命策源地亦將不保」，足徵此役之重要，實奠定北伐成功之基礎。再進佔五華，取興寧，軍次梅縣，余升任教導第一團上校銜團附兼代團長，六月東江略定，楊希閔、劉震寰所部之滇桂軍復在廣州蠢動，圍攻大元帥府，　蔣公得電，率部回抵廣州近郊鏖戰六小時戡平之，楊、劉狼狽逃遁，時首先攻佔白雲山者，即余所率之第一團也。

國民革命軍第一師成立，黨軍何旅長應欽，升第一師師長，余正式任該師第一團團長，時惠州未破，餘孽潛滋，陳炯明乘東江空虛，又糾集逆部侵入，於是我黨軍第二次東征，圍攻惠州，壯烈空前，雖克名城，犧牲重大。旋洪逆兆麟親率萬餘眾向我包圍猛襲，分由鯉湖、棉湖一帶夾河向我河婆攻擊，余以一團兵力，扼守河婆，與敵謝文炳、李雲復、陳修爵等五千餘眾，激戰兩日後，用精銳突擊兩岸敵之間，加以猛烈礮（砲）擊，敵遂紛紛潰退，洪逆所部遂失戰鬥力，　蔣公云：「此實仗　總理在天之靈，出奇制勝，轉危為安」。

民國十五年春，余升任第廿師副師長兼參謀長，擔任珠江下游及沿海剿匪之指揮任務，旋升第一軍第二師師長，衛戍廣州。三月二十日廣州共黨謀變，余受命鎮壓，旋即戡平。

民國十五年七月九日　蔣公就國民革命軍總司令職，在廣州誓師北伐，本師編入戰鬥序列之總預備隊內，奉令率師隨　蔣公入湘。時方酷暑，越山涉水，備嘗艱辛，輾轉病亡，相望於道，但所部為革命主義所感召，均能忍受痛苦，毫無怨言。到長沙後追隨友軍北進，乘勝直抵武昌，敵堅決固守，本師擔任武昌城忠孝門、紫金山、武勝門間之攻城，計八日之間攻城三次，戰況之烈不亞惠州，正欲作第四次之攻擊，適孫傳芳蠢動，江西吃緊，本師奉調入贛，十月克永泰、樟樹、豐城各要點，進圍南昌，擔任章江門、德勝門攻城任務，進攻兩次，突擊一次，均未成功，團長文志文、張漢章、團附熊綬雲死焉，因傷亡過重，在　蔣公親臨決定之下，乃令本師繞道奉新，並令余兼任第一軍指揮官，指揮第一、二兩師擊破南潯鐵路方面之敵，直達吳城，俘獲甚夥，贛局略定，奉命率師入浙。

民國十六年一月與盧香亭逆部戰於龍遊縣屬之遊埠，挫其兇焰，我第六團長郭俊力戰陣亡，旋進佔桐盧縣屬之横村埠，擊潰敵主力，佔領杭州。二月在松江沿岸擊潰敵軍畢庶澄部，乘勝克崑山、太倉，進佔瀏河。嗣奉令移駐上海閘北、江灣、吳淞一帶，擔任交通警備及鎮壓共黨騷動，繼移防鎮江，擔任沿河守備，與江北岸之敵對擊，旋移駐常熟沿長江南岸佈防。五月奉令為第十三縱隊指揮官，由常熟一帶北渡，進擊江北之敵周蔭人部，克南通、如臬、東台、鹽城、阜寧等縣，追擊到灌雲東海復奉令經漣水、淮陰開駐江都。值　蔣公下野出國，敵酋孫傳芳以有機可乘，驅殘部南下，余奉令在高郵阻擊敵軍掩護友軍撤退，於任務完全達成後渡江，奉令駐杭州整理，孫逆傳芳瞰我沿江警備兵力薄弱，竟於八月廿六日傾其主力三、四萬人竄到長江南岸，佔領棲霞山、龍潭等處，期一舉搗我首都恢復江浙。本部聞變後，除由徐副師長庭瑤率領在武進各部隊急向西進擊敵外，余到杭州筧橋即率領第四團疾返鎮江，奉命為前敵指揮官，所有龍潭以西各部隊，悉歸余指揮，遂於廿八日率第四團原車向龍潭前進，於夜間行抵山口附近，驟與我軍後退列車相撞出軌，我官兵傷亡約三百餘，余之左額亦受重傷，血流披面。是時因前方情況不明，遂收容前方潰退部隊，決心暫在山口村附近選擇陣地，取攻勢防禦。嗣第一第三兩師各有一部到達，遂決心變更部署，期三十日轉移攻勢，壓迫敵軍於長江南岸而殲滅之，至三十日拂曉，敵忽向我全線進攻，激戰至午前八時，我山口村正盤山勺家樓王家橋第四團，及六十三團方面，因傷亡過半，一部被敵突破，余恐因此波及全線，乃親赴火線督戰，並指揮第五十八團團長桂永清率部協同第四第八兩團恢復山口村、正盤山一帶陣地，戰至午前十時，敵勢益猛，彈中我司令部，傷傳令兵，余親率部隊與敵反覆衝殺，士氣大振，至午後二時敵漸不支，向河邊潰退，當令全線追擊。後奉令以第一、第二、第三、第廿一各師，及第五十八團均歸余指揮，肅清柴洲以東之敵。至卅一日午後二時殘部肅清，斬獲無算。是役余倉卒奉命為前敵指揮官，各部均係陸續加入戰鬥，而又以情況不明，指揮運用諸感不便，全恃革命精神以克強敵，亦云幸矣。

旋余改任第一軍第一縱隊指揮官，繼升第一軍軍長，仍兼第二師師長，就職於上海防次，時中央已決定乘敵潰退，繼續北伐，十一月余奉命率部沿津浦線北進，時敵反攻甚猛，第二師由徐副師長庭瑤率領，扼守臨淮關，以利各軍之再度進攻，遂克蚌埠，直向徐州前進，時敵總指揮陸殿臣所部兵力不下十萬，退守徐州構築工事，希圖固守，余率第一師蔣鼎文，第二師徐庭瑤，第廿二師胡宗南各部向徐州方面進攻，敵炮火頗烈，幸我官兵用命，奮勇衝殺，敵遂潰退，當我追擊間，敵以大隊騎兵繞我側背，全線幾為動搖，我第六十五團團長程式力戰死焉。余重新部署，策勵將士，繼續摧毀頑敵，於十二月十六日克徐州。是年冬余被任兼國民政府軍事委員會委員。

民國十七年三月　蔣公復職，親臨徐州，繼續揮軍北伐，余奉命為第一集團軍第一軍團總指揮，仍兼第一軍軍長，轄第一、第四、第九、第十各軍（第一軍副軍長為蔣鼎文，第四軍軍長為繆培南，第九軍軍長為顧祝同，第十軍軍長為楊勝治），於四月一日開始北攻，連克魯南各要點。時張逆宗昌，因所部挫敗，傷亡甚重，欲重整旗鼓，乃親自指揮，就大津口、泰安、界首之線，既設置陣地憑險扼守，企圖作最後困獸之鬥，我軍自廿七日起向敵攻擊，第九軍首克大津口，第四軍於廿九日克界首，同日第一軍攻泰安，余親臨第一線視察，知泰安城堅，非旦夕可下，乃以第一軍一部監視泰安之敵，其餘大部悉以濟南為目標，追擊前進，五月一日克濟南，二日泰安敵降，日本軍閥忽於三日向我挑釁，造成濟南慘案。余奉　蔣公命以李延年團協同方振武部蘇旅據守濟南城，抵禦日寇，余暫退魯南，我北伐軍改由齊河方面前進，克服北平、天津、東北輸誠，全國行將統一，余首主裁兵，遵照規定，縮編所部，八月奉改任為第一師師長，兼徐海剿匪司令，就職於徐州，全國軍隊總檢閱，成績列為第一。是年冬樊鍾秀部作亂於渦陽，蒙城，余率部與鹿鐘麟部聯合剿平之。

民十八年春余當選為中國國民黨第三屆中央執行委員，適湘桂有變西南不靖，余奉令西征任討逆軍第一軍軍長，軍次武穴，升任討逆軍第二路總指揮，轄一、二、九等師，及夏斗寅、張發奎各部，仍兼第一軍軍長，四月五日率部進佔武漢。十月中央以西北軍馮玉祥部叛變討之，余奉令率第二軍蔣鼎文，第六師趙觀濤，第十一師陳誠，第十三師夏斗寅，新十四師楊虎城，獨立第三旅李雲杰，獨立第四旅羅霖，獨立第十二旅彭進之，獨立第十四旅彭啟彪，獨立第十五旅唐雲山，飛機第二隊張有谷各部，以佯攻策應友軍，待機以主力由襄樊方面截擊敵之主力，再向白河方面追擊前進而佔領之，戰鬥於十一月八日開始，時西北軍出潼關者，為孫良誠、宋哲元、龐炳勳等部，出荊紫關者，為劉汝明、李金田等部，出隕陽、光化、南漳者，為張為璽、田金凱等部，戰至十二日我獨立第四旅易團以傷亡過重，四面受敵，放棄南漳，同時襄陽、樊城、新野、南陽、鄧縣一帶戰況，均頗激烈，如是屢進屢退，反覆衝殺，至廿二日敵漸疲憊，余策勵各部轉取攻勢，擊破後乘勝猛進，至廿九日先後佔荊紫關、光化、隕陽、保康、豫鄂邊境逆部，悉告肅清，戰爭遂告結束。旋又有討唐之役，余奉令率第一、第六、第九、第十一、第十三、新十四各師，暨特種兵一團，飛機三架，鐵甲車二列北上。十二月廿三日克確山，適大雪天寒地凍，為近十年所未有，雪深數尺道路難辨，士兵多有凍死，或為厚雪所掩蓋而死者。余令選擇陣地，暫取守勢以待敵來攻，敵軍果不出所料，盲目猛衝，達一星期之久，我雖有傷亡，敵已遺屍遍野，竟以僵屍築成戰壕而戰，造成無可挽回的戰略上的錯誤，至十九年一月一日克復駐馬店，敵勢遂衰，我全線乘勝猛進，直逼漯河，將其全部繳械，九日間造成討逆諸役中空前之殲滅戰，獲得輝煌戰果，並收編蕭之楚、戴民權、公秉藩三師，安俊才騎兵旅及憲兵營等部隊。

民國十九年春，余奉命率部移駐徐蚌一帶，三月汪精衛在北平聯合晉豫，組織所謂擴大中央幹部委員會，於是平漢、隴海、津浦三線之戰事爆發，余奉命為討逆軍第二軍團總指揮，統率顧祝同、蔣鼎文、陳繼承、趙觀濤、朱紹良、馬鴻逵、楊勝治、馮軼裴、張治中、王均、陳誠、李雲傑、徐庭瑤、周至柔、張喬齡等部，由隴海路進擊，克歸德，俘其偽師長萬殿尊，及因劉茂恩部之歸隊，俘其總指揮兼偽河南省政府主席萬選才，儀封一戰，更獲大捷，惟戰鬥異常激烈，雙方傷亡俱重，第一師代理師長徐庭瑤於率部衝鋒時負重傷，時津浦線被晉敵所猛襲，曲阜、兗州被圍，魯西以石友三逆部竄擾而告急，余復奉命由唯縣境轉師東進，指揮蔣鼎文、張治中、胡宗南等部將其擊潰。八月余再奉令赴津浦路方面指揮，解曲阜、兗州圍，遂以陳誠、夏斗寅、馬鴻逵等師為中央軍，蔣光鼐、蔡廷楷師，及騎兵第一旅為右翼軍，馮軼裴、楊勝治師，及山東警備旅三個旅為左翼軍以許克祥師及十五路騎兵團為左側縱隊，北進攻擊，收復濟南，將困在膠濟路沿線之韓復渠部救出，與平漢隴海兩線取得聯繫。余又奉令轉平漢線正面指揮，十月克新鄭、鄭州，收降吉鴻昌、梁冠英、張印相、張占魁各部，由中央分別授以總指揮、軍長、師長等職，戰爭結束，余奉令任河南省政府主席，宣布治豫四大方針：（一）救濟災民；（二）清剿匪共；（三）建設廉潔政府；（四）保障革命民權。

民國二十年一月，奉令兼陸海空軍總司令開封行營主任，是年元旦國府授以二等寶鼎勛章，五月出席國民會議，六月中央選任兼國民政府委員，夏間粵省政變，七月石友三乘機於河北復變，企圖佔領平漢線與粵呼應，並與赤匪勾結，余奉命為討赤軍南路集團軍總司令官，率顧祝同、陳繼承、徐庭瑤、劉鎮華、王均、唐雲山各部與北路集團軍總司令官張學良部夾擊該逆，北進連克冀境各要點，余親率唐雲山部攻克順德城，該逆部遂於最短期間為我全部繳械，十一月開封行營撤銷，改任駐豫特派綏靖主任，仍兼河南省政府主席。此際為培育軍事政治幹部人才，在軍事方面設駐豫軍官教育團，在政治方面設縣政及區政訓練班造就多士，以應時需，是年冬余當選為中國國民黨第四屆中央執行委員。

民國二十一年春電呈中央請實行軍民分治，並迭請辭豫省府主席職，請另簡文人接替獲准，夏奉令兼騎兵總指揮辭未就，秋余率剿匪各部隊連克所謂豫鄂皖三省邊區蘇維埃重地之新集、金家寨諸匪巢，　蔣公特令在豫鄂邊境劃地設立經扶縣，以新集為經扶縣城，以示紀功之意，余實愧不敢當，冬由余領導成立河南航空救國會捐款，購英製三驅逐機贈送中央奉頒給航空捐資獎章。

民國二十二年四月，余奉令在贛兼任撫河剿匪督辦，督剿江西東南境內赤匪，連克進賢、金谿、宜黃等縣，旋以華北形勢緊張，復奉令返豫鎮懾。五月國府特派余為贛、粵、閩、湘、鄂剿匪軍北路總司令辭未就。

民國二十四年三月，余受任為陸軍上將敘二級，以黨國多難，強鄰逼處，欲卸去政務，專治軍旅，因向中央堅決請辭豫省政府主席，是年十二月底，奉令改任為豫、皖綏靖主任，斯時河南境內匪類大小三百餘股，已先後完全肅清，全省交通暢通無阻，一切生產建設，正在積極進行，已達欣欣向榮之途矣。是年元旦奉國民政府令晉給一等寶鼎勛章，及頒給甲種一等光華獎章，冬當選為中國國民黨第五屆中央執行委員。

民國二十五年七月奉國府特派兼國防會議委員，九月奉國府授給二等雲麾勛章，十月國府授給北伐誓師十週年紀念勛章，十二月十二日，張楊劫持　蔣公於臨潼，發生西安事變，時余正在江蘇之贛榆檢閱黃杰部野營演習，聞變驚痛萬分，先電令駐陝縣之樊崧甫軍星夜開潼關扼守，余遂返汴指揮所屬各軍沿隴海路西進，中央亦以張楊叛變顯著，於十六日推何敬之先生為討逆軍總司令，由國府下令討伐，次日國府令派余為討逆軍東路集團軍總司令，一戰而克華陰，乘勝收復華縣、赤水，叛軍見討逆之聲盈天下，知犯上作亂之罪不可逭，同時為　蔣公偉大之人格感召，卒由張學良禮送返京，於廿三日晚飛抵洛陽，余迎謁，不禁熱淚盈眶。

民國二十六年一月，中央以張楊部屬尚無悔悟真誠，仍聯合共匪企圖頑抗，特改派余為討逆軍前敵總司令，率五個集團軍，五個預備軍，繼續戡亂，以顧祝同、蔣鼎文，朱紹良、陳誠、衛立煌分任一、二、三、四、五集團軍總司令，以徐源泉、孫連仲、馬鴻逵、龐炳勳分任一、二、三、四預備軍總司令，孫震為第五預備軍總指揮，以毛邦初為空軍指揮，余設行署於洛陽，兼用政治方式，使叛逆覺悟來歸，逆首見我軍聲勢浩大，知難逞其野心，僅在渭南赤水一帶，與我發生前哨戰。即將逆部逐漸撤退於渭北三原一帶，其被脅從將領則紛紛反正，戡亂任務，於焉完成。東北軍全部奉令開駐豫皖蘇三省，歸余負責整編。余受任為豫皖蘇三省軍事整理委員會主任委員，遵照軍事委員會規定於六月間整編完竣，是年夏奉頒給　蔣委員長西安蒙難紀念章。

民國二十六年六月國府頒給陸海空軍甲等一級獎章。七月抗戰軍興，日寇第一軍香月清司部，在南口，及平漢線蠢動，余於八月十二日進駐保定，斯時戰鬥序列尚未奉到，故指揮系統未能確定，部隊集中地隨時奉令變更，一切均感棘手。　蔣公電令敵定刪日向我平漢正面進攻，著二十六路孫連仲所部負責固守涿州、定興、新城、徐水，第三軍曾萬鍾所部負責固守定縣、新樂、曲陽，第二師，第廿五師，鄭洞國、關麟徵所部，負責固守保定、高陽、滿城、完縣，第八十五師陳鐵所部，負責固守淶水、易縣，以上各部統歸余指揮，當時轉飭各部遵照，並鑒於固安方面僅有鄭大章騎兵兩連，保安隊五六十人，兵力極感單薄，復電　蔣公請令第五十三軍萬福麟以一部推進永清固安之線防守，及孫連仲派兵一團赴固安附近協防。二十日余始奉令為第一戰區第二集團軍總司令，衛立煌、孫連仲副之，（九月始奉令為第一戰區副司令長官，司令長官為　蔣公自兼），即督率各部構築工事，復奉令猛力向良鄉積極進攻，當即轉令孫連仲部遵照施行，孫軍於廿一日在琉璃河以北與敵接觸，旋激戰於平頂山崔家莊一帶高地，演成「房山之役」，余遵照統帥部之指導計畫，任第一戰區，右地區部隊指揮官，判定敵將由固安方面強渡，為中央突破之舉，我軍為達韌性防禦，待機反攻之目的，以必要兵力堅守大清河、于竇店、房山等處，配備有力部隊。九月十四日敵果以大隊飛機及大礮數十門，向我東西楊莊陣地轟擊，至正午全陣地被毀，萬軍馮占海之第九十一師，於十五日棄守固安，向雄縣轉進，我大清河沿河陣地悉被破壞，當時裴昌會之四十七師馳援大清河，亦寡不敵眾，敵軍大部渡過永定河之後，以一部包圍孫軍，同時以大部壓迫我在大清河一帶之裴師及曾軍，我軍雖奮勇阻擊，死亡慘重，而敵仍節節向我進逼，我正面各部隊與敵鏖戰極為猛烈，因敵空軍不斷來襲，交通全被破壞，各部聯絡全失，經逐次抵抗，苦戰結果，不得不遵照長期抗戰之方策作戰略之轉進，繼即策定保定會戰計畫，頒發施行，惟因新樂縣南之沙河鐵橋被敵炸毀，白晝行軍又復困難，致增援部隊均未能及時到達，實際擔任保定作戰，僅五十二軍之第二師，第二十五師，及十七師，正面達七十五公里，其餘由第一線調回之第三軍及第四十七師各部隊，收容多未就緒，敵軍於二十日已跟蹤追擊，飛機及戰車聯合猛力衝擊我前進陣地及漕河一帶主陣地，均被敵摧毀殆盡，至廿二、三兩日激戰於保定城郊一帶，我軍雖奮勇抵抗，繼之以肉搏未能敗變頹勢，於廿五日奉令轉進，戰事遂告一段落。十月余奉令以豫皖綏靖主任兼任陸軍第一區督練主任，嗣遷駐洛陽，仍兼第一戰區副司令長官指揮豫西沿河防禦軍事，派兵渡河出擊迭獲勝利，收復北岸之濟源城。

民國二十七年七月，受命為鄂湘川黔邊區主任，兼第五預備軍司令長官，鎮守宜昌，十月我軍放棄武漢，余率部擔任江漢兩河警備，及收容整理部隊，救濟難民，搶運物資，構築工事，封鎖河道，悉心規劃，幸完成各項任務，敵不得逞。

民國二十八年三月，奉調就任重慶衛戍總司令，嗣兼重慶防空司令，及陪都疏建委員會主任委員，陪都救護委員會主任委員，陪都建設計畫委員會委員，值敵機猛襲，市區被炸尤烈余督率所部從事防空疏建救護警備等工作不遺餘力，並從事整理部隊，訓練新軍，構築防空及國防工事，在極端艱苦撐持之下，雖勞不怨。至民國三十二年十月奉國府授給華冑勛章及忠勤勛章。十二月奉國府授與一等雲麾勛章。

民國三十四年三月，奉調就任第五戰區司令長官，於二月廿五日率必要人員飛抵老河口，三月一日就職，轄第二集團軍劉汝明，第二十二集團軍孫震，第四十一軍曾甦元，六十九軍米文和，暫一師李才桂各部，及憲兵礮兵，戰防礮兵，工兵通信各一團，並指揮三十三集團軍馮治安部，余部署未定，即值敵為確保平漢路南段交通企圖破壞我陝南、豫西、鄂北之空軍基地，敵酋鷹森孝，於豫鄂各地集結四個師團以上兵力，及各型飛機一〇六架，向我蠢動，余為作戰指揮便利起見，遂於三月廿四日移駐均縣之草店，各部隊除由一二五師汪匣鋒部固守老河口外，其餘均移駐襄河西岸，作攻勢防禦，老河口經四月八日作最激烈之戰鬥後被陷，其後得而復失，繼襄樊亦被敵佔，旋經有力部隊之夾擊收復之。此後即在與敵對峙之狀態下僅有拉鋸戰之小戰而已。至八月十日日本廣播宣布允照盟國聲明無條件投降以後，於九月一日進駐老河口，經南陽到漯河接受豫省許郾及商邱區日軍之投降。對日抗戰雖得到最後勝利，然我政府以赤匪猖獗中原竄擾，又不能不予積極整編部隊從事剿匪以清亂源，而獲到國家真正的統一，故於受降事務結束後，另在鄭州和徐州各設立一綏靖公署以董其事，余遂受任為鄭州綏靖公署主任，由漯河移駐鄭州。是年夏余當選為中國國民黨第六屆中央執行委員，國府授給青天白日勳章、勝利勳章、抗戰紀念章，及美國贈給自由勳章。

民國三十五年元旦，鄭州綏靖公署由第五戰區長官部改組成立，所轄境地為豫、陝兩省，部隊為原第一第五兩戰區部隊，及收編之孫殿英、張嵐峯等部，至六月底豫鄂邊區匪酋李先念率黃林、王樹聲、周志堅、闕子清各匪部分路突向我軍襲擊西竄，且於柳林、李新店附近大肆破壞鐵路及電線，故我軍不能不予圍剿，余曾率必要人員進駐駐馬店及南陽指揮，經我陳鼎勳、趙錫田各部月餘之窮追猛擊，始於鄖縣以北，鄂陝邊境山地內將其大部消滅，其餘化整為零，散匿各處，僅王震悍匪率三百餘人遠逃甘肅地境內，繞道竄回延安匪區，當李匪部消滅後，各追擊部隊，尚在陝鄂邊境未歸時，在豫東魯西邊境之劉伯承匪部，突於八月十日夜間以主力襲擊我隴海鐵路各要點，考城、民權被圍，蘭封於次日被陷。嗣由第四十七師李宗昉部克復蘭封，解考城、民權之圍，第三師亦由潼關運輸趕到加入戰鬥，已攻到魯西境磚廟集附近，至九月六日因第三師趙師長錫田率部進攻，過於突出，致為匪乘，趙員重傷被俘，該師後退，致第四十七師亦隨之轉移，余當時適在考城前方督戰，對後退部隊予以收容、整理，另以劉汝明、孫震兩部生力軍加入戰鬥，將匪擊退，該方陣勢遂穩，至九月十四日，余奉令將綏靖職務交顧兼主任祝同接替，於十九日飛京任戰略顧問委員會上將委員。

民國三十七年春，余當選為第一屆國民大會代表，在京參加第一次會議後奉聘為憲政督導委員會委員，六月間奉政府特派為徐州剿匪總司令，適共匪竄擾黃河兩岸，我前方剿匪部隊，迭受挫折，危局難支之時，余毅然出任艱鉅，實有見危受命，願為文山第二之決心，所轄有第二兵團邱清泉，第六兵團李延年，第七兵團黃百韜，第十三兵團李彌，第十六兵團孫元良，交警總隊，傘兵隊，特種部隊等，及十二個綏靖區地域及於蘇皖豫魯四省，余到職僅九日開封即被劉伯承匪部攻陷，余親督部反攻，激戰三日於二十六日克復之，其後於七月七日又有「豫東大捷」斯時本可乘勝進取，以華中友軍未照規定到太康以北地區接防，各項補充亦未及時到達，因之救援兗州之師未能如期北上，致使兗州不守，濟南隨之失陷，不得已調集大部兵力集結於徐州近郊以應付匪軍之來攻，而以兵力之一部位置於蚌埠附近，及其以北地區，防匪南竄，十一月八日匪劉伯承部猛撲黃口附近各村寨，我邱清泉部與空軍聯合發揮威力，於次日擊退之匪死傷慘重，是謂「黃口之捷」，當徐州北面匪軍迂迴棗莊東南渡過運河攻擊韓莊之際，守軍第三綏靖區馮治安部之五十九、七十七兩軍，臨陣叛變，致使運河及不老河全行開放，適值黃伯韜兵團西移之際，予黃側背以重大威脅，黃部以西移行動遲緩，到達碾莊時為陳毅匪部完全包圍，與匪激戰達十三日，斃傷匪近十萬，斬獲甚眾，但最後仍難挽全軍覆沒之命運，黃伯韜自殺殉國，周軍長志道負傷到徐，王澤濬、劉振湘兩軍長被俘，陳士章軍長突圍抵徐，黃兵團覆沒為演成徐蚌會戰不利之主因，黃兵團被圍後曾令邱、李兩兵團東攻解救，初尚進展順利，但匪軍據險頑抗，不惜傷亡慘重，寸土必爭，陳匪主力除一面圍攻黃兵團，一面截阻邱、李兩兵團外，並不斷向徐州西南之蟠塘鎮攻擊，威脅邱兵團側背，使邱兵團進展困難，另劉匪配合陳匪不斷向徐州郊外攻擊，致使徐州方面感受威脅，至二十二日邱、李兩兵團攻擊到距碾莊十餘公里處，而黃兵團已全部犧牲，徐州會戰關鍵可謂定矣。黃兵團損失後，邱、李兩兵團對匪之攻擊進展不大，北上增援之第十二兵團黃維部進抵澮河、渦河間受劉匪伯承匪部阻擊，不能進展，李延年兵團，及闕漢騫軍北進後，國防部為顧慮淮河防務，復令南返，臨壁、宿縣又告失守，斯時徐州附近之主力軍與黃維兵團，及在蚌埠附近之部隊，均成分離狀態，而共匪方面則陳、劉兩匪呼應便利合流自如，形成極不利之態勢，最高統帥為挽救黃維兵團，鞏固淮河防務起見，乃電令余飛蚌指揮，徐州方面指揮歸杜副總司令聿明負責，余到蚌埠時，適李延年兵團南撤，被匪壓迫，情勢相當危急，余當即督飭在淮河北岸之劉汝明部前往急援，始得轉危為安，至三十日始悉徐州部隊奉密令向西南撤退，十二月二日午空軍偵察結果，知南撤部隊主力，已抵永城蕭縣間之青龍集祖樓一帶地區有各股匪軍約四五萬人紛向西進，窺其企圖在截擊杜部，並爭取外翼，除繪製情況圖，並予代電由飛機投交杜令其速擊破當面之敵南下，電文中有「依現勢利在速戰」之句，但二日及三日杜部仍滯留原地，其後再電促其迅速南下，而杜復電謂擬先調整態勢，再行大舉攻擊，但遷延時間，匪之圍困工作已完成，雖施攻擊而無效，十日以後雙方成相持階段，迄十六日黃維兵團被殲，杜部形勢更危，十七日起大雪連降十日，斯時在重圍內的官兵，均以草根樹皮及馬肉為生，迨恢復空投補給糧彈後，擬於一月八日再向敵攻擊突圍，不料卅二師有某營長於三日夜投匪將我虛實盡洩於匪，故不待我軍準備完成，匪即於五日夜大舉攻擊，致七軍軍長高吉人負重傷，至九日夜陣地到處被匪擊破，至十日拂曉戰鬥全部停止，計是役損失官兵二十萬左右，武器裝備全部損失，邱司令清泉自殺殉國，李彌、孫元良兩司令及第五軍熊軍長笑三，第一九三師唐師長化南，突圍而出，計該部在被圍中與匪相持歷時四十日，官兵在極端苦難之中，浴血奮鬥，忠勇之氣，可以上貫日月矣，原最高統帥決定以華中方面黃維兵團東來援徐，惟因種種關係遷延至十一月八日，黃伯韜兵團被圍，與匪激戰時，該兵團始由確山前進，十萬大軍，千里增援，在時間與空間上均覺異常艱困，廿五日該兵團抵達南平集結地區時，黃伯韜兵團已被消滅達三日矣，同時該兵團遭遇劉伯承匪部七個縱隊之阻擊，前進困難，雖經該兵團以戰車協力猛攻，而匪仍頑強抵抗，至廿七日為劉匪全部包圍於雙堆集地區，同時該兵團副司令胡璉在上海就醫，奉令飛雙堆集協助指揮，為研究戰守問題，三出三進，終未獲良策，至十五日夜以無險可守，猛力突圍，十六日晨戰事終止，是役十四軍軍長熊綬春陣亡，副司令胡璉突圍負傷出險，師長尹俊、王靖之率少數殘部突圍而出，黃維司令及第十軍軍長覃道善，第十八軍軍長楊伯濤，第八十五軍軍長吳紹周等均被俘，其餘官兵多傷亡，或失蹤，或被俘，收容者不足四千人，該兵團在渦河以北正式與匪接觸，至十二月十六日戰鬥停止，先後歷時廿七日，中間以空投不足，官兵以草根樹皮及馬肉為生，與匪血拼，突圍時并將重兵器及輜重概行破壞，忠勇足式，堪稱壯烈戰史之一頁，余率指揮所達蚌埠後先行鞏固淮河防務，再行調整部署，為解救黃維兵團，乃以第五十四軍闕漢騫部歸入第六兵團李延年部，由蚌埠以北地區向西北面發起攻擊，當面之陳匪第五縱隊。經我連日猛擊後傷亡甚大，我軍進展尚稱順利，六日我大舉進攻，擊破匪之抵抗，進出朱家圩界溝之線繼續攻擊，匪憑工事、村落頑抗，我雖以戰車協力攻擊，但進展不大，斯時黃維兵團情況惡劣，匪為阻我第六兵團攻擊，於十一日又轉用陳匪之渤海縱隊十一縱隊，并軍區部隊民兵等到達戰場增援，并不斷向我反撲，我雖予敵以重大損失，而進展仍緩，十六日我軍進抵高王集包家之線時，距雙堆集已近，惜黃維兵團已於十六日戰鬥終止，第六兵團乃遵令南撤沿淮河佈防當第六兵團向匪攻擊時，為增強兵力，統帥部曾令第二十軍楊幹才部向蚌埠方面增援，迨該軍甫抵淮河北岸，而戰事逆轉，該軍乃撤回滁縣歸首都衛戍總司令指揮矣，至三十八年一月十五日第六兵團及駐淮河南岸各部隊，均向滁縣以北地區轉移，歸於京滬杭警備總部序列，徐州剿匪總司令部乃於一月二十日明令撤銷，余調任總統府戰略顧問，隨政府南遷廣州，大陸淪陷後，余養痾香港，繼有南洋之遊，藉以團結僑胞，擁護政府反共抗俄國策，至四十二年十一月應召返台，四十三年一月奉聘為總統府國策顧問，二月出席第一屆國民大會第二次會議，再度當選為主席團主席，十月奉聘為光復大陸設計研究委員會委員兼國際關係僑務組召集人，四十九年二月出席第一屆國民大會第三次會議，三度當選主席團主席，五十五年二月出席第一屆國民大會第四次會議，四度當選主席團主席，五十六年五月兼任光復大陸設計研究委員會台中研究區主任以迄於今。

余性淡泊，不慕榮利，對國盡忠，待人以誠，處世和平，居恆好讀書，無一日不寫日記，惟以根底薄弱，智慧不足，不能有所成就，只以消磨時光而已。余以身體健康為人生之基本條件，故除注意飲食衛生外，早晚不懈運動，以是少罹大病，雖老不廢，惟患糖尿病及輕微心臟症，難於治癒，則如附骨之疽，為余暮年之隱憂。

余昔以治軍主政，了無暇晷，未於學問上有所深造，但於樹人之教育，深切以為重要，「興學救國」「以校為家」之口號，常欲期諸實踐，曾向中央對於普及教育有所提議，故於職務上對於教育訓練之督率，不敢稍有懈怠外，尤樂斥私財在故鄉、在汴渝創立中小學校，以補公立學校之不足，心境上視為莫大愉快之事，完全出於誠意，非如時下以此為裝飾品，而沽名釣譽也，余對於政治、經濟、社會各科，曾延師在署講授，及參加最高陸軍學府陸軍大學函授班第一期學習，然所知者僅僅皮毛，為終身莫大憾事。余於政治主張以實行三民主義為職志，尤以解決民生問題為重要，故在豫時曾向中央提議應速先行土地改革。余認為人生於世精神應有所寄託，故宗教之信仰，實亦為人生生活中，不可缺之一環，故經常研究佛耶教理，認為天主教之組織較為統一單純，故於五十一年十二月廿七日由于斌總主教在臺北市民生路天主堂施洗，余遂為天主教徒矣。

余曾負軍政上之重責，大陸淪陷未能挽既倒之狂瀾，偷生寶島，寢食難安，西望神州，欲哭無淚，如國軍早日反攻大陸，余得為一搖旗吶喊之老卒，跟隨返鄉，以雪奇恥，而復大仇，死亦瞑且矣！是則私心之切禱者也。

余叔祖進寬公於民國紀元前五年夏曆四月三日逝於鄉里，余母胡氏於民國二十一年七月二日逝於汴垣，所以在現家庭中余無上人矣。

余年未滿十四，母命娶本鄉下路村楊氏莊麗，不識字，無生育，因意見不合，性情相反，於戰亂中仳離分居。三十歲時納石城陳氏郁冰，生子滌宇、滌安、滌定、滌寅、滌宣，生女滌宙，適江都劉壽森，滌寧適興化趙振聲，滌宸適杭縣葛世龍。長子滌寰，收養撫育於繈褓，性尚醇厚，滌定於四十八年八月在碧潭游泳溺逝。楊陳二氏始終同住一處。

吾妻黃佩芬氏，出於同邑望族，畢業上海美術專科學校藝術教育系，久任教職，於民國三十年一月，余於役重慶時來歸，生子滌宏、滌容，生女滌宜、滌宛。黃氏最賢慧，歸余後，在艱苦期間，一面任教，一面治家，相夫教子，任勞任怨，不幸與余同遊新大陸後，於民國五十一年四月四日病逝台中，悲痛不已！是為傳。

——劉峙，著於民國五十九年六月十八日

我們在大陸是怎樣失敗的？

我們在大陸的失敗，凡是忠愛中華民國和中國國民黨的人們，沒有誰不痛心疾首，都想知道這失敗的原因。在港在印也有不少朋友問到這點，今就筆者記憶所及以自己淺陋的見解，述其概要。

我們在大陸是怎樣失敗的？可分黨務、政治、財經、軍事四方面來說：

一、關於黨務方面

黨務方面，其大派系可分為三，第一、為ＣＣ系，以陳果夫、陳立夫兄弟為領袖。第二、大同盟系，以朱家驊為領袖。第三、青年團，以陳誠、蔣經國為領袖，而陳蔣又對立。以上大派系以ＣＣ為老牌，掌握黨的實權，比較其餘兩系勢力雄厚。二陳是陳英士烈士（名其美，民四為袁世凱派人刺死於滬上）的侄子，陳烈士於辛亥光復上海任滬軍都督，當時蔣先生由日本回國在他部下當團長，很得陳的賞識。蔣知恩報德就特別加惠於他的二侄（當時陳烈士的兒子俟夫尚幼，後因學駕飛機於上海墜死），給他們辦理黨務的全權。大同盟原為黨內老前輩山東丁惟汾所領導，丁因年老多病很少問事，無形取消，朱家驊就起而代之，想在CC系中分得一杯羹，所以專同CC為難。其唯一重要幹部為江西人，現任立法委員的甘家馨（甘為廣州中山大學畢業生，是朱家驊的學生），氣燄之盛，不可一世。青年團為後起之秀，它的主要幹部多為黃埔軍校學生，原屬復興社（即世所稱的藍衣社）[85]幹部而加入的，陳誠就是代表這一部分人，其健將有賀衷寒（現任交通部長）、袁守謙（現任國防部次長，兼中央改造委員）等。另一部分就是蔣先生的大公子蔣經國所領導的所謂革新派，因為經國是在蘇聯（當時蔣先生為要求得外援和蘇聯密切聯絡，乃將其長子經國送往蘇聯學習，等於人質）入黨的老共產黨員，其中不少他的老同志滲入，他的健將為鄭彥棻、陳雪屏等。這三派系的領袖都是浙江人，三大派系平日所做的工作多不以黨國為重，不把黨的力量去實現三民主義為他們的工作目標，專以全心全力對付他們的異派仇敵，各自施展他們伎倆去蒙蔽蔣先生，媚一人而欺天下人，於是乎黨就失了領導的作用而為私人爭權奪利的工具了。（中央改造委員會的成立係由青年團代替了CC系，仍為少數人所把持，不過更進一步參加官邸人員，更便於向總裁接近而已）。要判定辦黨人員的責任，二陳的固執成見包辦邀寵，實屬罪有應得。但其他兩派（三大派系領袖的鬥爭，亦可謂浙江人同室操戈自己打自己，陳誠先生最近在台省黨部發表摒除派系的言論，於此可以對照一下，就是請他把鏡子照照自己）不擇手段，甚至引用共產黨徒去打擊他們的異派仇敵（他們兩派中都發現共黨的祕密工作人員，即台灣省黨部原屬青年團系和省政府機

85 復興社為一九三二年以宣傳抗日復興民族為宗旨成立於國民黨內部的派系組織，其核心是力行社，下設特務處，由戴笠主持。由於其成員多穿藍衣黃褲，所以又稱藍衣社。一九三八年四月取消。

關報新生報負責人李友邦——黃埔軍校四期生——亦為共黨，共黨席捲大陸時其望風靠攏的亦不少，於此足見一斑），亦非全無罪過。而蔣先生縱容他們，意在利用他們的衝突便於指揮操持，更未免失計。

筆者常加思考，以為國民黨的三民主義為總理融合中西學說精深研究所得的結晶，實無瑕疵可指，為甚麼黨不能實行三民主義！？除因黨內派別人事的磨擦外，似乎還有兩點：（一）黨政不能合作，因為黨內既有派別各為擴張其勢力，吸收黨員自不嚴格，官僚政客投機份子就可大量混入。官既不純正，從政黨員自然跟著複雜。更以外界對黨政關係的挑撥，所謂誤會隔閡就不斷的發生了。黨政日在摩擦之中，黨的精神和政策怎樣能透過政治而實現？（二）黨因民十三年改組後容共的緣故，許多青年黨員受共黨的薰染，認為三民主義不夠澈底，要加修正才有實行的價值。而國民黨現行組織都是改組後採取蘇聯共產黨的制度（如執行委員會和民主集權制等），也有些黨員發生疑慮，甚至立於歧路，不但不努力求三民主義的實現，就是對共黨的鬥爭也減少勇氣了。

二、關於政治方面

政治和黨務是互相關聯的，不管黨務怎樣脫節，要黨在政治上完全不發生作用決說不通的。黨務方面各派系的鬥爭目的，最後是在奪取政治上的權力，不過他們的精神因鬥爭而渙散，不能發生大的力量而已。

在北伐完成後，政治上具有大的勢力，首推政學系。政學系的來源是由民初李根源在北平組織的政學會而成的。李為雲南人，出身日本士官學校，在民初原屬國民黨籍的國會議員，後來做過陝西省長和代理過國務總理。袁世凱叛國，他和梁啟超同佐岑春暄（廣西人，在前清做過總督，那時李已推他為政學系首領）在肇慶組織護國軍兩廣都司令部，梁為都參謀長，李為副都參謀長，遙戴西南政務院總裁唐繼堯為領袖，組軍討袁，那時政學系就和舊桂系（以陸榮廷為首）勾結一致。等到打敗龍濟光後，廣東省為舊桂系莫榮新部盤據。恰逢總理因反對段祺瑞毀法，率海軍和舊國會由滬南下到粵，宣言護法，組織大元帥府於珠江南岸的士敏土廠。舊桂系要把持廣東政權，表面對總理和舊國會敷衍，實際是立於反對地位，陰與北方直系軍閥吳佩孚及湖南省長聯省自治派趙恒惕等勾結，常給總理以壓迫。最嚴重時，河南警察竟欲將士敏土廠的大元帥府牌額取下，致惹總理震怒，在兵艦上砲擊觀音山（督軍署所在地）。舊桂系這樣的行為，裡頭作祟的就是政學系。

自舊桂系在兩廣失敗後，政學系失其憑依。因為政學系中的張群和蔣先生是在日本時的同班同學，辛亥革命時又同在陳都督英士部下工作，私人感情特厚。北伐我們到達江西的時候，張群就到廬山來見蔣先生，鑽入革命陣營得到了國民革命軍總司令部總參議的頭銜。因張群的援引，來了一個政學系的大陰謀家楊永泰（楊廣東人，亦為舊國會議員，舊桂系盤據廣東時做過廣東省長）為入幕之賓，任總部秘書長，後在湖北主席任內為人刺死。楊和張群狼狽為奸，召集舊日一班官僚政客，如吳鼎昌、張嘉璈之流，佔領中樞要津，外結各省主席，如江西熊式輝、福建陳儀、浙江黃紹竑、安徽劉鎮華、連張群自己（時任湖北主席）時稱政學系五主席。那時是所謂汪蔣合佔時期，名義上的行政院院長是汪精衛，其實權仍在蔣先生手中。汪為迎合蔣的心理，每遇國家要政，必先召集五主席和政學系中央要人會議，決定後才報蔣先生核行。各省的行政督察專員差不多都是他們卵翼出來的，一切作為惟他們的馬首是瞻，可謂盛極一時。所以政學系在政治上的勢力比別的派別佔了最優的地位，雖以裙帶關係最親密的貴戚孔祥熙、宋子文也難和他們抗衡，而另在財經方面發展了！我還記得當時有一個口號，就是黨——CC，政——政系，軍——黃埔，由這一個口號，就可以知道它在政治上的力量了。

他們這一群，在總理領導護法時期曾經反對過總理，叛離本黨，實在是三民主義的叛徒（蔣先生對此曾有解釋，說他們為環境所迫有不得已的苦衷，無人不知為袒護他們的話）。要想在他們手裡實行三民主義的政治，豈非南轅而北轍？因主義不行黨國跟著崩潰，可惜！可惜！

三、關於財經方面

國民政府北伐以來的財政經濟都是仰賴於江浙財團，這是無可諱言的事實。在這時期孔祥熙、宋子文兩人，一長工商，一長財政，掌握了財經的樞紐，得因利乘便以遂其累積私人財富，發展豪門資本的企圖。

抗戰後我國財經靠美援支持，恰好孔宋都是美國留學生，久住美國，對美國財閥早有拉攏，又兼有美國通的蔣夫人宋美齡同他們撐腰，於是更大走紅運了！由財經的主管者先後執掌外交和行政大權，以貴戚而兼顯宦，當然能為所欲為。身為政府的首要，公然自設中國銀公司和揚子公司與美國資本家勾結，壟斷外匯，包辦進出口貿易和國內各大企業。宋子文還和美國前財長摩根索加入世界財團，以鞏固他的財經勢力。經過他們先後玩了許多花樣就把美援化為烏有，黃金大半進了他們的私囊，法幣失靈，金元券無效，人民憔悴欲死，軍士枵腹作戰。財經弄到了這步田地，國家還有不遭覆亡的嗎？（現在台灣搞財經的如徐柏園、俞鴻鈞等，還是孔宋圈子裡的人物，中國豈真無人才耶？）

我們檢討國民黨在大陸的失敗，孔宋自私害國實為罪魁。現在退處台灣的國民政府正需財經接濟的時候，而不勒令孔宋交出其非法所得的財富，仍許其逍遙新大陸享其晚年清福，這不能不說是蔣先生太以私人情感為重，國家人民利益為輕所得的結果。可勝浩歎！

四、關於軍事方面

國民黨籍軍人又稱革命軍人，秉承總理的大無畏精神，始則在廣東兩次東征，掃平陳炯明遺孽和回師廣州，擊滅楊劉叛逆，進而統一兩廣，出師北伐。北伐完成後，敉平內亂以及剿匪抗戰，南北奔馳，流血流汗，不能說沒有盡到他們應盡的職責，也沒有任何人持功而驕有軌外的行動。有五百萬優勢兵力的國軍，而反為僅有的二百萬的共軍節節擊潰，在徐蚌會戰後幾如疾風之掃落葉，在理真不可解！我們追究它的原因，可以大概說一說：

外在的原因，就是美國不肯以軍械援我，並宣言不為我助，甚至發表白皮書，在物質和精神上都給我們以很大的打擊。反過來，蘇俄就積極以軍械援共，並表示對共援助到底，給共黨以很大的鼓勵。加以雅爾達祕密協定，美俄兩國都迫我承認外蒙獨立，更以東北鐵路和兩要港（旅順、大連）給俄，使俄得到積極援共的便利。而我則內部共黨還沒有肅清，而以最精銳美式裝備的軍隊遠輸關外，孤立於俄共中共包圍之中，自易為其所乘，不能長久支持。

至於在大陸我軍略方面也有大的錯誤，就是因為遷就政治顧面子的緣故，重點線而輕全面，恰和共軍的軍略相反，所以一經接觸，它可運用民兵和民眾各種力量使用人海戰術，進退自如。我則處處被動，陷於痲木狀態，漸漸我軍的行動很少能脫離它的威脅範圍。往往我們的堅固據點被共軍包圍，全靠空中接濟，何能支持長久？兗州、濟南、太原各城的失守，就是經這種慘烈的情形。其他影響軍心最大的，則為陳誠對軍隊的苛刻整編，排除異己，使有戰功的軍官流離失所，以致有數百編餘軍官在南京哭陵的事發生。這些失業軍官和前方軍隊裡的舊部，精神上是有聯繫的，他們知道自己的舊長官景況，自然會給予同情而有兔死狐悲之感，因此影響士氣的不振，不堪作堅韌的死鬥了！並且陳誠對軍隊中顯然的分出中央部隊和雜牌部隊兩大類，而中央部隊中又有十八軍系統和非十八軍系統的分別。（陳誠在江西剿匪的時候由十一師師長升充十八軍軍長，頗得蔣先生的信任，儼然為一方重鎮。後來陳逐步升到軍政部部長及參謀總長，他編軍都是以十一師和十八軍的人員為基幹，非十一師和十八軍的舊部決不肯重用，所以軍中都稱他們為土木系，就是含有十一和十八的意思，蓋予諷刺也。）同為國軍擔負一樣的任務，但待遇不同，裝備各異，未免相形見絀，不平之鳴，隨之而起。共軍利用這種弱點便乘機鼓簧，以致原馮玉祥和楊虎城的部隊陸續叛變，甚至陣前起義。就是中央部隊中也有滲入共黨的，於接近共軍陣時也有小部隊叛變的事，因之動搖軍心，減少鬥志。所謂政工人員的精神指導，也就失了效力，其後僅賴宣誓方法亦難維持戰力。除精神方面外，後方接濟極為重要。而我們軍無隔宿之糧（有就地搜集雜糧充飢者），彈藥也感缺乏，等於枵腹作戰，徒手禦敵，欲求最後勝利的到來，不戛戛其難而成為幻想乎？（徐蚌會戰我軍被共軍分別包圍於淮北兩地，在冰天雪地之中於空運不能接濟時，民間犬鼠食盡後，繼宰軍馬，烹死屍，可謂慘絕人寰矣。）

在指揮方面，則最高統帥對小部隊的行動亦必干涉，不給戰場指揮官以全權，以致運用不靈，援應失機。最後還有某方面戰場指揮官欲向共軍求和，不聽命令調遣其軍隊的事。在這種情形之下，其不敗何待。事後發現國防部高級參謀人員中滲入共諜，都是陳誠引用的，尤屬駭人聽聞。

以上就黨務、政治、財經、軍事四方面，已述其大要。論其失敗之罪，凡屬文武官吏和有職守的同志都不能輕卸其責，而首應由蔣先生負其總責。最大的缺失為他固執的性情，獨裁的作風，有權必攬，無事不親，處事則由其喜怒，用人則講地域和關係。以地域言，浙江第一。舉事實為證，他任總統後第一任行政院院長，所謂行憲後第一任首揆何等重要。立法院舉行假投票幾全體同意何應欽，而蔣先生必以浙江寧波近同鄉翁文灝充之，親到立法院強迫該院通過。翁於筆者在河南時曾任省府管轄下的中福煤礦公司總經理（亦蔣所介），名為學者其實是一書生，膽小如鼠毫無作為，反誤大事，現已向共黨靠攏而被通緝了。蔣先生逼走李宗仁在台復職後，第一任行政院院長也由全國唾罵的浙人陳誠擔任（第一屆國民大會曾通過請處陳以極刑[86]）。以關係言，親族（包括他的太太和那兩個寶貝兒子）至上。先失知識份子的心，漸為全民所不滿。如歸附共黨的民盟，其領袖張瀾，年七八十歲，原為四川的大紳士（以辦中學起家，四川軍政要員多為其門人）。他的重要幹部，像黃炎培（江蘇學閥，以與江恒源提倡職業教育，又稱職業派）、羅隆基（在美、英留學十餘年，為有名的國家主義派，原與張君勱組織國家社會黨，後與張脫離而與張瀾結合）等，原來都是反對共產主義的人。又如民革領袖李濟琛，是鄧鏗烈士（因擁護總理為陳炯明在廣州大沙頭火車站刺死，時任粵軍第一師師長）的忠實部下，在廣東做第四軍軍長時兼任過黃埔軍校副校長（時蔣任校長），抗戰時亦為軍委會內負責的一員，曾任軍委會辦公廳主任，戰地黨政委員會主任委員。其他如陳銘樞、蔣光鼐、蔡廷楷等，都是廣東舊四軍出身的將領，都是蔣先生的部下，為國民黨中的積極分子，更非和共黨有甚麼特別淵源。這些人都是因為蔣先生城府太深，不能對之大量包容用盡其才，被迫鋌而走險，是誰之過歟？

在蔣先生以下的重要幹部，論其罪責，在黨，則二陳。在政，則張群等（楊永泰死有餘辜），都難逃天下的公評。最失民心的，就是孔宋的把持財經和豪門獨佔。最失軍心的，就是陳誠的藉整編而排除異己。民心不附，軍心不固，那就是大陸失敗的總因。

86 一九四八年南京行憲國大開會期間白崇禧於四月十二日作軍事報告，大會上代表要求殺陳以謝國人，尤其是山東代表趙庸夫及東北代表張振鷺最為激昂。詳見孫宅巍，《蔣介石的寵將陳誠》，河南人民出版社一九九一年版，頁二四八至二四九；王學慶及趙洪昌，《蔣介石和陳誠》，吉林文史出版社一九九六年版，頁二二七。

筆者飽經憂患，也為大陸失敗應負罪責的一人。政府退處台島，個人流亡海外，痛定思痛，愧赧無地，於百無聊賴中寫此以作對友朋質詢的答覆。此篇係由直覺的以追述往事（手中無參考資料），自難免謬誤，還希同志至好不吝加以教正。幸甚！幸甚！

——劉峙，民國四十年八月草於印尼茂物

編者後記

先父「徐蚌會戰戰時日記」《高級傳令兵：劉峙將軍徐蚌會戰戰時日記》能夠印行，首先需要感謝在天津的書法家表弟黃川。沒有他花了大半年時間將極為難認的毛筆草書日記原稿謄清，這本書不可能與讀者見面。

責任編輯洪仕翰先生及副主任編輯杜國維先生在選稿、編排和注解增補方面費了不少心思，秀威資訊公司的發行人宋政坤先生自始至終的大力支持，對他們三位我謹在此表達衷心的謝意。

史地傳記類　PC0686　讀歷史93

高級傳令兵：
劉峙將軍徐蚌會戰戰時日記

原　　著／劉　峙
編　　者／劉滌宏
責任編輯／洪仕翰、杜國維
圖文排版／楊家齊
封面設計／楊廣榕

發 行 人／宋政坤
法律顧問／毛國樑　律師
出版發行／秀威資訊科技股份有限公司
114台北市內湖區瑞光路76巷65號1樓
電話：+886-2-2796-3638　傳真：+886-2-2796-1377
http://www.showwe.com.tw
劃撥帳號／19563868　戶名：秀威資訊科技股份有限公司
讀者服務信箱：service@showwe.com.tw
展售門市／國家書店（松江門市）
104台北市中山區松江路209號1樓
電話：+886-2-2518-0207　傳真：+886-2-2518-0778
網路訂購／秀威網路書店：https://store.showwe.tw
國家網路書店：https://www.govbooks.com.tw

2019年6月　BOD一版
定價：440元

國家圖書館出版品預行編目

高級傳令兵：劉峙將軍徐蚌會戰戰時日記 / 劉峙
原著；劉滌宏編. -- 一版. -- 臺北市：秀威資訊
科技, 2019.06
面； 公分. -- (史地傳記類；PC0686)(讀歷
史；93)
BOD版
ISBN 978-986-326-691-4(平裝)

1.徐蚌會戰 2.民國史

628.622 108007975

讀者回函卡

感謝您購買本書，為提升服務品質，請填妥以下資料，將讀者回函卡直接寄回或傳真本公司，收到您的寶貴意見後，我們會收藏記錄及檢討，謝謝！

如您需要了解本公司最新出版書目、購書優惠或企劃活動，歡迎您上網查詢或下載相關資料：http:// www.showwe.com.tw

您購買的書名：______________________________

出生日期：________年________月________日

學歷：□高中（含）以下　□大專　□研究所（含）以上

職業：□製造業　□金融業　□資訊業　□軍警　□傳播業　□自由業

□服務業　□公務員　□教職　□學生　□家管　□其它_____

購書地點：□網路書店　□實體書店　□書展　□郵購　□贈閱　□其他

您從何得知本書的消息？

□網路書店　□實體書店　□網路搜尋　□電子報　□書訊　□雜誌

□傳播媒體　□親友推薦　□網站推薦　□部落格　□其他__________

您對本書的評價：（請填代號　1.非常滿意　2.滿意　3.尚可　4.再改進）

封面設計____　版面編排____　內容____　文／譯筆____　價格____

讀完書後您覺得：

□很有收穫　□有收穫　□收穫不多　□沒收穫

對我們的建議：______________________________

____

____

____

請貼
郵票

11466
台北市內湖區瑞光路 76 巷 65 號 1 樓

秀威資訊科技股份有限公司 收

BOD 數位出版事業部

(請沿線對折寄回,謝謝!)

姓　　名:____________________　年齡:________　性別:□女　□男

郵遞區號:□□□□□

地　　址:____

聯絡電話:(日)____________________(夜)____________________

E-mail:____